TRIBUTAR NA ERA DA TÉCNICA

CIP-BRASIL. CATALOGAÇÃO NA PUBLICAÇÃO

SINDICATO NACIONAL DOS EDITORES DE LIVROS, RJ

B878t

Britto, Lucas Galvão de

Tributar na era da técnica : como as definições feitas pelas agências reguladoras vêm influenciando a interpretação das normas tributárias / Lucas
Galvão de Britto. - 1. ed. - São Paulo : Noeses, 2018.

224 p. : il. ; 23 cm.
Inclui bibliografia
ISBN 978-85-8310-095-9

1. Direito tributário - Brasil. I. Título.

17-46082

CDU: 34:351.713(81)

Lucas Galvão de Britto

TRIBUTAR NA ERA DA TÉCNICA
COMO AS DEFINIÇÕES FEITAS PELAS AGÊNCIAS REGULADORAS VÊM INFLUENCIANDO A INTERPRETAÇÃO DAS NORMAS TRIBUTÁRIAS

2018

Copyright © Editora Noeses 2018
Fundador e Editor-chefe: Paulo de Barros Carvalho
Gerente de Produção Editorial: Rosangela Santos
Arte e Diagramação: Renato Castro
Revisão: Patricia Menezes
Designer de Capa: Aliá3 - Marcos Duarte

TODOS OS DIREITOS RESERVADOS. Proibida a reprodução total ou parcial, por qualquer meio ou processo, especialmente por sistemas gráficos, microfílmicos, fotográficos, reprográficos, fonográficos, videográficos. Vedada a memorização e/ou a recuperação total ou parcial, bem como a inclusão de qualquer parte desta obra em qualquer sistema de processamento de dados. Essas proibições aplicam-se também às características gráficas da obra e à sua editoração. A violação dos direitos autorais é punível como crime (art. 184 e parágrafos, do Código Penal), com pena de prisão e multa, conjuntamente com busca e apreensão e indenizações diversas (arts. 101 a 110 da Lei 9.610, de 19.02.1998, Lei dos Direitos Autorais).

2018

Editora Noeses Ltda.
Tel/fax: 55 11 3666 6055
www.editoranoeses.com.br

Dedico este trabalho a

Nossa Senhora da Apresentação

meu avô, Hélio Galvão, exemplo de
curiosidade e ousadia no desejo de saber

Mariana, Vicente, Andréia, Igor e Cecí-
lia, estrelas-guia de minha vida

AGRADECIMENTOS

Pela confecção deste texto, agradeço primeiramente ao meu orientador, Paulo de Barros Carvalho, pela confiança depositada desde o acolhimento como seu orientando de mestrado, sua paciente maneira de lidar e incitar, diariamente, a inquietude e ousadia de um jovem pesquisador, além do fundamental suporte teórico do Constructivismo Lógico-Semântico e das tantas outras ideias escritas.

Registro também agradecimento especial aos professores Celso Fernandes Campilongo, Luiz Alberto Gurgel de Faria, Robson Maia Lins, Fabiana Del Padre Tomé, Paulo Ayres Barreto, Tácio Lacerda Gama, Charles McNaughton, Maria Angela Lopes Paulino, Thiago Barbosa Wanderley e Rodrigo Leal Griz que colaboraram intensamente com incentivo, materiais e, sobretudo, com sua companheira paciência, participando das inquietudes de quem pesquisa.

A coleta de dados foi favorecida pela entusiasmada colaboração de muitos amigos espalhados pelo país e no exterior. Contribuíram com a pesquisa de jurisprudência, Jacqueline Mayer, Rafhael Bentos, Marília Rodrigues Alves e Paloma Nunes Gongora; a pesquisa na literatura especializada em agências reguladoras se viu muito facilitada pela ajuda de Ivo Cesar (UFC) e contou também com generoso apoio do Serviço de Bibliotecas da PUC-SP, na pessoa de Maurício Rodrigues

Alves, que mobilizou mecanismos de cooperação nacional e internacional para prover acesso a cópias de materiais raros e de difícil acesso.

ABREVIATURAS

ADI	–	Ação Declaratória de Inconstitucionalidade
ANA	–	Agência Nacional de Águas
ANAC	–	Agência Nacional de Aviação Civil
ANATEL	–	Agência Nacional de Telecomunicações
ANEEL	–	Agência Nacional de Energia Elétrica
ANP	–	Agência Nacional do Petróleo
ANS	–	Agência Nacional de Saúde Suplementar
ANTT	–	Agência Nacional de Transportes Terrestres
ANVISA	–	Agência Nacional de Vigilância Sanitária
CF	–	Constituição da República Federativa do Brasil
CTN	–	Código Tributário Nacional
CLS	–	Constructivismo Lógico-Semântico
CSLL	–	Contribuição Social sobre o Lucro Líquido
COFINS	–	Contribuição para Financiamento da Seguridade Social
LGT	–	Lei Geral das Telecomunicações (Lei 9.472/97)
LINDB	–	Lei de Introdução das Normas de Direito Brasileiro (Decreto-lei 4.657, de 4 de setembro de 1942.)
ICMS	–	Imposto sobre Circulação de Mercadorias e Serviços
INMETRO	–	Instituto Nacional de Pesos e Medidas

IPI	–	Imposto sobre Produtos Industrializados
IR	–	Imposto sobre a Renda
ISS	–	Imposto sobre serviços
PIS	–	Contribuição para os Programas de Integração Social e de Formação do Patrimônio do Servidor
PR	–	Presidente da República
RE	–	Recurso Extraordinário
REsp	–	Recurso Especial
RMIT	–	Regra-matriz de incidência tributária
STF	–	Supremo Tribunal Federal
STJ	–	Superior Tribunal de Justiça

SUMÁRIO

AGRADECIMENTOS VII

ABREVIATURAS IX

PREFÁCIO.. XXI

INTRODUÇÃO: DO CASO À HIPÓTESE 01

1. DO CASO AO TEMA 01

2. ALGUMAS PALAVRAS SOBRE OS ESTUDOS ANTERIORES A RESPEITO DA AUTONOMIA CONCEPTUAL DO DIREITO TRIBUTÁRIO E A POSIÇÃO OCUPADA POR ESTE LIVRO 05

3. DO ITINERÁRIO DA PESQUISA 08

CAPÍTULO 1. FUNDAMENTOS PARA UMA APRO-XIMAÇÃO DO OBJETO 11

1. UMA PERSPECTIVA NORMATIVISTA................... 11

2. TERMO, CONCEITO E DEFINIÇÃO 14

    2.1 *Termo e conceito*... 15

2.2 *Definições e liberdade estipulativa*...................... 17

3. DEFININDO A CATEGORIA: NORMA JURÍDICA — 20

3.1 *Duas acepções para o termo "norma jurídica"*. — 20

3.2 *Percurso gerador de sentido*............................... 22

    3.2.1 As normas de definições no percurso gerador de sentido 24

4. A REGRA-MATRIZ DE INCIDÊNCIA TRIBUTÁRIA — 26

4.1 *A noção de "critério" e a seleção de propriedades perpetrada no interior de cada um deles*..... 28

    4.1.1 As definições no interior da RMIT................. 30

4.2 *Critérios da regra-matriz de incidência tributária* — 32

    4.2.1 Critério material................................. 32

    4.2.2 Critério espacial 34

    4.2.3 Critério temporal 36

    4.2.4 Critério pessoal................................. 38

    4.2.5 Critério quantitativo 39

5. FONTES DO DIREITO 40

5.1 *Processo e produto*.................................... 41

5.2 *Enunciação e recepção* 42

5.3 *Veículo introdutor e norma introduzida*............ 45

CAPÍTULO 2. O PODER NORMATIVO DAS AGÊNCIAS REGULADORAS E A ATIVIDADE DE EXPEDIR DEFINIÇÕES TÉCNICAS........................... 47

1. A INTERTEXTUALIDADE ENTRE AS DEFINIÇÕES TÉCNICAS E AS NORMAS JURÍDICAS EMANADAS PELAS AGÊNCIAS REGULADORAS — 47

TRIBUTAR NA ERA DA TÉCNICA

2. **DEFINIÇÃO DO CONCEITO "AGÊNCIAS REGU-LADORAS" E DELIMITAÇÃO DO OBJETO DA PESQUISA**... 51

2.1 *Antes de seguir, uma advertência quanto à abrangência do estudo*... 54

3. **DETERMINAÇÕES LEGAIS QUE INSTALAM O PODER REGULAMENTAR DAS AGÊNCIAS RE-GULADORAS**.. 56

4. **FUNDAMENTOS DA COMPETÊNCIA NORMA-TIVA DAS AGÊNCIAS REGULADORAS**................ 58

4.1 *Dispositivos constitucionais que tratam de competências normativas atribuídas ao Poder Executivo*... 60

4.1.1 *O termo "regulação" como modalidade dife-rençada de competência normativa*.............. 62

4.2 *Justificativas apontadas pela doutrina admi-nistrativista para o poder normativo das agên-cias reguladoras*... 64

4.2.1 *Delegação*.. 66

4.2.2 *Deslegalização*.. 71

4.2.3 *Concepção ampla da atividade executiva*..... 77

4.3 *Constitucionalidade e extensão do poder nor-mativo das agências reguladoras na experiên-cia do STF*... 82

4.4 *Posicionamento adotado neste trabalho*............. 85

CAPÍTULO 3. UNIDADE E AUTONOMIA CONCEP-TUAL NO DIREITO TRIBUTÁRIO.............................. 89

LUCAS GALVÃO DE BRITTO

1. DO PROJETO À LEI 5.127/66: COMO O DIREITO TRIBUTÁRIO LIDA COM AS DEFINIÇÕES DE CONCEITOS DO DIREITO PRIVADO 89

2. UNIDADE E AUTONOMIA CONCEPTUAL NO DIREITO POSITIVO BRASILEIRO 93

2.1 A Lei Complementar 95/98 e o "sentido comum" da linguagem 93

2.1.1 Primeiro problema: a "acepção comum" ou "acepção técnica"? 95

2.1.2 Segundo problema: acepção técnica do direito ou acepção técnica de outros setores do conhecimento? 97

2.1.3 Terceiro problema: a polissemia de "acepções técnico-jurídicas" 99

2.2 Polissemia dos termos jurídicos e a identificação de contextos normativos 102

2.2.1 A previsão de especialidade do art. 2º, §§1º e 2º, da LINDB e critérios normativos para estabelecer a definição aplicável a cada contexto jurídico 105

2.2.2 As normas das agências reguladoras e os "ordenamentos setoriais" 107

3. UNIDADE E ESPECIALIDADE CONCEPTUAL NO CÓDIGO TRIBUTÁRIO NACIONAL 113

3.1 O "particularismo" do direito tributário e sua relação com os conceitos de direito privado 116

3.2 A intertextualidade interna do direito tributário nos contornos do ordenamento brasileiro 120

3.2.1 A especificidade conceptual na prescrição do art. 109 do CTN 120

TRIBUTAR NA ERA DA TÉCNICA

3.2.2 *Art. 110 do CTN e os limites à liberdade estipulativa postos pelos conceitos constitucionais tributários*.................................. 124

3.2.2.1 *O intérprete como destinatário das prescrições do art. 110 do CTN*.......... 127

4. SÍNTESE ENTRE UNIDADE E AUTONOMIA CONCEPTUAL NO DIREITO TRIBUTÁRIO BRASILEIRO.. 129

4.1 *Regra de incorporação "prima facie" de conceitos oriundos de outros subdomínios jurídicos* ... 130

4.2 *Efeitos da alteração das definições legais de outros subdomínios jurídicos sobre a interpretação de normas tributárias* 133

4.2.1 *Conceitos com previsão no texto constitucional* 134

4.2.2 *Conceitos sem previsão no texto constitucional* 139

4.2.2.1 *Alterações promovidas por veículos introdutores infralegais* 143

4.3 *Alteração da definição de conceitos pelo uso da linguagem jurídica* 144

5. FIXANDO A HIPÓTESE DE TRABALHO 146

CAPÍTULO 4. PRAGMÁTICA DAS DEFINIÇÕES TÉCNICAS NO PROCESSO DE CONSTRUÇÃO DE SENTIDO DA REGRA-MATRIZ DE INCIDÊNCIA TRIBUTÁRIA 151

1. O USO DE DEFINIÇÕES EXPEDIDAS PELAS AGÊNCIAS REGULADORAS NA INTERPRETAÇÃO DA RMIT 151

XV

1.1 Critério material *152*

   1.1.1 ICMS e tarifa de habilitação de Telefonia Celular   152

   1.1.2 Não-incidência de contribuição previdenciária sobre serviços auxiliares ao transporte aéreo *154*

1.2 Critério temporal *155*

1.3 Critério espacial *155*

   1.3.1 Definição do lugar de incidência do ICMS sobre serviço de TV por assinatura prestado por satélite *155*

1.4 Critério pessoal *157*

1.5 Critério quantitativo *158*

   1.5.1 ICMS incidente sobre "Demanda Contratada" de energia elétrica *158*

   1.5.2 Classificação Fiscal e definições da ANVISA   *161*

   1.5.3 Base de cálculo do IR e CSLL de estabelecimentos hospitalares *164*

2. SÍNTESE CRÍTICA DOS USOS DE DEFINIÇÕES EXPEDIDAS PELAS AGÊNCIAS NA CONSTRUÇÃO DE SENTIDO DA RMIT **166**

2.1 O uso de definições das resoluções expedidas pelas agências reguladoras na norma tributária geral e abstrata **168**

   2.1.1 Deslegalização e as normas das agências reguladoras *170*

   2.1.2 Deslegalização no direito tributário e sua inaplicabilidade à regra-matriz de incidência tributária *173*

   2.1.3 Critérios para o uso de definições expedidas por agências reguladoras na interpretação das normas tributárias gerais e abstratas *175*

2.2 As definições das agências reguladoras e os negócios praticados pelas concessionárias junto aos particulares 175

    2.2.1 *"Discricionariedade técnica" como critério de "assepsia" das definições emitidas pelas agências reguladoras* *176*

    2.2.2 *Parâmetros para o emprego de definições expedidas pelas agências reguladoras na compreensão dos fatos jurídicos sujeitos à tributação* *180*

CONCLUSÃO: DA HIPÓTESE À TESE 181

REFERÊNCIAS 185

"Atribuir um nome é um ato de poder, a primeira e mais definitiva ocupação de um território alheio."

– Mia Couto

PREFÁCIO

Reconhecer nos escritos do direito posto o estilo e a organização da linguagem técnica, com suas peculiaridades sintático-semânticas, é algo já conhecido e, de certo modo, explorado nos domínios da linguística. Há, porém, outro uso que está se tornando comum no direito, consistente em forma intensificada de tecnicismo, como se fora uma carga maior de termos técnicos de grau superior, metatécnicos por assim dizer, justapondo-se às mensagens do produto legislado, principalmente no âmbito do Direito Administrativo. Quero referir-me à linguagem das agências reguladoras, no afã de transmitir mandamentos cada vez mais minuciosos sobre pormenores procedimentais. Não pretendo afirmar que a iniciativa represente abuso: o teor de tecnicidade há de ser ministrado em doses condizentes com a necessidade de quem transmite o mandamento. Todavia, não deixa de ser algo inusitado, tendo em vista a experiência brasileira, não familiarizada, ainda, com escritos desse jaez. Ao apuro técnico se agregam combinações de sentido que fazem do texto um fragmento estranho ao trato jurídico da dogmática. Eis apenas uma das dificuldades do tema que Lucas Galvão de Britto elegeu para desenvolver sua tese a respeito do assunto.

O Autor tem excelentes conhecimentos de lógica e lida muito bem com as vicissitudes semânticas do discurso jurídico, como já ficou sobejamente demonstrado em seu "O

XXI

Lugar e o Tributo". Transita com naturalidade da plataforma da experiência concreta para o altiplano das normas gerais e abstratas, naquele movimento inerente ao método empírico--dialético, próprio aos objetos da cultura, bem ali onde fica o território das prescrições normativas. Isso lhe propicia ingressar em solo novo e cheio de obstáculos, como acontece com o conteúdo desta obra que o leitor tem em mãos. Uma coisa é a linguagem técnica, no sentido usual da expressão; outra, essa forma de comunicação que sobrepuja aqueles parâmetros e sugere maneiras diferentes de compreensão.

Ora, tenho escrito a propósito do reconhecimento das formas de comunicar-se, mostrando as variações de estilo entre os discursos científico, filosófico, técnico e ordinário, este último na acepção de vulgar. De que modo essas oscilações do texto podem manifestar-se e como surpreender-lhe as variações. Eis a questão. Também, de que maneira utilizar as ferramentas sintático-semânticas da coesão e da consistência para reconhecer os núcleos de cada qual, dominando-lhes as concentrações. Frisei tudo isso, é bom salientar, no aspecto teórico das apreciações linguísticas. Na circunscrição deste trabalho, contudo, o autor dá outros passos, vai além: imprime tratamento prático, capaz de levar adiante projeto firme de interpretação e análise de textos colhidos na jurisprudência de nossos tribunais e confrontados com as normas do direito positivo, penetradas por aquele jeito diferente de lidar com as minúcias editadas pelas agências reguladoras. Para tanto, percorre os planos sintáticos e semânticos, sem descuidar das projeções pragmáticas de seu discurso. Quem percorrer seus escritos, ao menos neste volume, ficará se perguntando a respeito de suas preferências. Oscila entre as dimensões semânticas e a força determinante que advém das manifestações pragmáticas. Ninguém ousaria tratar desses assuntos sem priorizar a pragmática da comunicação jurídica, mas, é claro, aprisionados os conceitos na ordenação lógica imprescindível para chegar às conclusões de ordem semântica que Lucas tão bem organiza para fins de análise.

XXII

Este livro quer-se lido e, sobretudo, pensado. O autor exibe, sem qualquer constrangimento, compromisso firme com as propostas do "constructivismo lógico-semântico", envolvido que está por suas premissas, sempre expressas ou recolhidas na implicitude de seu desenvolvimento. O volume é o resultado final de sua tese de doutorado, conduzida com extremo rigor, que foi cedendo à medida em que se impôs a força retórica e o brilhantismo de sua participação. Creio ser um dos trabalhos importantes que a Pontifícia Universidade Católica de São Paulo tem produzido nos últimos tempos, motivo pelo qual recebeu indicação sobremaneira honrosa para concorrer, em nome da Instituição, a prêmio de excelência.

Estão de parabéns a PUC/SP, a excelente banca examinadora composta com figuras do mais elevado prestígio e, sobretudo, a comunidade jurídica brasileira ao receber uma contribuição científico-filosófica tão qualificada e expressiva. Além disso, efusivos cumprimentos, é claro, ao autor do trabalho, que se houve tão bem ao apresenta-lo, defendendo com energia suas proposições.

São Paulo, 14 de novembro de 2017.

Paulo de Barros Carvalho
Professor Emérito e Titular da PUC/SP e da USP.

INTRODUÇÃO: DO CASO À HIPÓTESE

1. DO CASO AO TEMA

A inspiração para a escolha do tema veio do exame da jurisprudência dos tribunais brasileiros e da observação de um fenômeno que se avoluma e suscita uma série de preocupações nos domínios da linguagem técnica-jurídica: o emprego de definições expedidas pelas agências reguladoras na interpretação das normas tributárias.

O caso que inspirou o início desta investigação pode ser imediatamente apontado: o Recurso Especial 330.130/DF, em cuja discussão havia de se decidir pela incidência ou não-incidência do ICMS-Telecomunicações sobre o valor pago às companhias telefônicas a título de habilitação. Na discussão de um de seus incidentes[1], o Min. João Otávio de Noronha assim justificava sua posição (pela não incidência):

> Note-se, por fim, que partiu do próprio ente estatal encarregado da fiscalização e regulamentação do setor de telecomunicações – a Agência Nacional de Telecomunicações – a iniciativa de, ciente dos naturais equívocos do Fisco quanto à interpretação da norma do art. 60 da Lei 9.472/97, balizar o conceito ali inserido, o que se deu por meio da edição da Resolução ANATEL

---

1. EDcl no AgRg no REsp 330.130/DF.

73, de 25/11/98, que, ao aprovar o Regulamento dos Serviços de Telecomunicações, excluiu expressamente a "habilitação" do rol de procedimentos passíveis de configurar "serviço de telecomunicação".

A situação foi decidida antes do advento da dinâmica processual dos recursos repetitivos. Dado o volume de processos sobre a mesma matéria, muitas foram as decisões que seguiram, repetindo a referência às disposições da ANATEL como fundamento para decidir.

Desde então e com cada vez maior relevância, a menção a dispositivos emitidos pelas agências reguladoras tem aparecido nas manifestações judiciais, nas normas e atos administrativos tributários. Ao mesmo tempo, com o surgimento e expansão das sistemáticas de julgamento de questões repetitivas, as decisões das Altas Cortes sobre vários temas relacionados à tributação têm experimentado um contínuo e proveitoso adensamento em sua fundamentação. Esse cenário abre o campo especulativo sobre o direito de maneira especial, facilitando as remissões a documentos normativos "técnicos" na busca de parâmetros objetivos e gerais para a fixação dos marcos de incidência.

Para citar apenas alguns exemplos, a Resolução da ANEEL 456/2000, que disciplina a chamada "reserva de potência", serviu de base para o decidir a base de cálculo do ICMS incidente sobre o consumo de energia elétrica[2]; de outro lado, as definições da ANVISA têm sido manejadas para auxiliar a interpretação de benefícios fiscais no âmbito da tributação sobre o lucro[3] e, ainda, como expediente que deve orientar o processo de classificação fiscal aduaneira, na determinação das alíquotas aplicáveis[4] dentre aquelas previstas na NCM.

---

2. REsp 960.476/SC. DJe 13.05.2009.

3. REsp 951.251/PR. DJe 02.09.2010.

4. REsp 1.555.004/SC. DJe 25.02.2016.

O apelo das "definições técnicas" tem duplo atrativo aos sujeitos encarregados de decidir casos concretos: (i) em primeiro lugar, tais enunciados, pela própria condição *técnica* de sua elaboração, traçam critérios minuciosos em favor de maior precisão e adequação às particularidades do setor regulado, deixando menos espaço à dúvida quanto à sua aplicação ao caso concreto; e (ii) à diferença de estudos científicos ou outras manifestações advindas de fora do sistema jurídico, estas definições provêm de fonte estatal, caracterizando documentos que integram o acervo do direito público, presumivelmente acima dos interesses das convenções particulares, para estabelecer base de entendimento objetiva e confiável para os vários órgãos da própria Administração.

Essas definições parecem vir em bom auxílio ao intérprete na elucidação de conceitos referidos nas normas tributárias, mas raramente definidos nesses textos. O recurso a elas promove a integração entre diversos subdomínios do direito positivo, tal como anotam Carlos Ari Sundfeld e Jacintho Arruda Camara:

> [...] as normas legais, estabelecem um instigante diálogo com as do regulador administrativo. Este é um fenômeno que precisamos estudar mais: o das leis que "falam" com os regulamentos menores, que os tomam como pressuposto, que tratam de aspectos particulares de sistemas criados por resoluções. É um fenômeno que pode pôr em xeque certas máximas tradicionais de interpretação, como a de que não se interpretam as leis pelo que dizem os regulamentos (baseada na idéia, coerente com a hierarquia normativa, de que o conteúdo da norma superior não pode ser ditado pela inferior).[5]

Ocorre que algumas dessas máximas desempenham a condição de princípios estruturantes do próprio subdomínio jurídico tributário, configurando mais que caprichos dos

---

5. SUNDFELD, Carlos Ari; CÂMARA, Jacintho Arruda. O poder normativo das agências em matéria tarifária e a legalidade: o caso da assinatura do serviço telefônico. *Revista de Direito Público da Economia*. Belo Horizonte, n. 13, jan./mar. 2006. p.26.

intérpretes, primados com expressa estipulação no texto Constitucional. Daí surgem dúvidas razoáveis a respeito da licitude do uso dessas definições na interpretação das normas tributárias ante o fato de que elas provêm de documentos normativos (i) desprovidos de *status de lei*, (ii) produzidos com linguagem técnica, orientada para *finalidade diversa da tributação* e (iii) produzidas por *autarquias federais*, mas impactando também a compreensão do alcance de tributos *estaduais, distritais* e *municipais*.

É assim porque as normas tributárias são erguidas a partir de substrato constitucional marcado por fortes vetores axiológicos que se exprimem em princípios especialíssimos, como é o caso do princípio da estrita legalidade, da isonomia e autonomia das pessoas federadas e da capacidade contributiva. Nenhum desses primados deve influenciar, ao menos diretamente, a produção normativa das agências reguladoras, mesmo porque, se o fizessem, prejudicariam a especialidade de matéria que justificou a criação dessas pessoas no direito brasileiro, contribuindo para o "sequestro" da agência por outros interesses alheios à política setorial.

De fato, visto o problema por esse aspecto, chega até mesmo a soar paradoxal que as definições específicas das agências reguladoras – instrumentos demarcatórios de conceitos de um setor que, de tão particulares, careceriam de órgão especial para elaboração e atualização em termos normativos – venham a decidir conflitos interpretativos sobre a extensão de termos referidos em outros domínios da legislação, como vem acontecendo com os tributos.

Eis o tema: identificar se é possível e de que modo seria possível manejar essas definições técnicas expedidas pelas agências reguladoras no processo de construção de sentido das normas que tratam da incidência de tributos. Para escrutiná-lo seguindo um *método*, formularei adiante uma *hipótese* calcada na literatura especializada, submetendo-a ao crivo da *experiência*, através do confronto de suas proposições com os textos jurídicos, pretendendo refutar seus pontos débeis até alcançar a formulação de uma tese.

2. ALGUMAS PALAVRAS SOBRE OS ESTUDOS ANTERIORES A RESPEITO DA AUTONOMIA CONCEPTUAL DO DIREITO TRIBUTÁRIO E A POSIÇÃO OCUPADA POR ESTE LIVRO

São numerosos os trabalhos que cuidam da autonomia conceptual do direito tributário, datando dos primórdios do desenvolvimento dessa disciplina. A discussão, entretanto, instalava-se quase sempre em torno da possibilidade de (i) a legislação fiscal, na caracterização dos "fatos geradores" ou na delimitação da obrigação tributária, tomar conceitos "originários" do direito privado e outorgar-lhes extensão diversa para efeitos fiscais; ou (ii) se, ao contrário, estaria o intérprete das normas tributárias adstrito aos termos com que as leis privadas definem os mesmos conceitos utilizados nas leis fiscais.

Na doutrina brasileira, essa discussão experimentou pelo menos três momentos de maior desenvolvimento.

O primeiro deles se deu concomitante aos treze anos que seguiram à elaboração do anteprojeto do Código Tributário Nacional por Rubens Gomes de Sousa em 1953 até a promulgação do Código em 1966. Os juristas de então traduziam para as peculiaridades do ordenamento jurídico brasileiro o debate de europeu sobre a autonomia do direito tributário[6].

A contrapartida desses debates no direito positivo deu-se, explicitamente[7], em pelo menos quatro dos dispositivos do

---

6. O francês Jean Pujol, em interessante escrito sobre o tema enumera alguns dos autores mais famosos dos dois lados da querela: entre os que postulavam a autonomia, cita Sainz de Bujanda, Blumenstein, Ezio Vanoni, Waldecker e Van Houtte, do outro lado, cita abundantemente trechos de François Geny apontando para a insegurança e instabilidade que poderiam advir da liberdade estipulativa do legislador tributário. (PUJOL, Jean. *L'aplication du droit privé en matière fiscale*. Paris: LGDJ, 1987. pp.9-13).

7. Confira-se em BRASIL, Ministério da Fazenda. *Trabalhos da Comissão Especial*

Código: os arts. 109,[8] 110,[9] 118[10] e 123[11], que firmavam um certo grau de autonomia no que concerne aos efeitos tributários, mas limitavam-lhe quanto à definição dos conceitos de direito privado utilizados para outorga de competências impositivas.

O segundo deles se deu com o advento da Constituição de 1988, que reavivou os argumentos da discussão da década de 1960. Dessa vez, percebe-se um maior apego dos estudiosos à unidade conceptual, argumento que encontrava matriz doutrinária mais sólida nos estudos recentes de direito constitucional e na supremacia do Texto Magno. É o momento em que se defende, com maior fervor, a existência de conceitos constitucionais para os vários termos – *renda, faturamento, serviço* – com que o Poder Constituinte repartiu as competências tributárias.

O terceiro sobreveio com o advento da Lei 10.406, o Código Civil de 2002, que substituiu o Diploma Privado de 1916 dando origem a uma série de escritos que se prestavam a esclarecer os impactos no domínio dos tributos das mudanças nos mecanismos e conceitos do direito civil modificados pela nova disciplina civilista. Aqui, para além do problema da diacronia normativa na interpretação das normas jurídicas

---

do Código Tributário Nacional. Rio de Janeiro, 1954. Especialmente pp. 407 e ss.

8. Art. 109. Os princípios gerais de direito privado utilizam-se para pesquisa da definição, do conteúdo e do alcance de seus institutos, conceitos e formas, mas não para definição dos respectivos efeitos tributários.

9. Art. 110. A lei tributária não pode alterar a definição, o conteúdo e o alcance de institutos, conceitos e formas de direito privado, utilizados, expressa ou implicitamente, pela Constituição Federal, pelas Constituições dos Estados, ou pelas Leis Orgânicas do Distrito Federal ou dos Municípios, para definir ou limitar competências tributárias.

10. Art. 118. A definição legal do fato gerador é interpretada abstraindo-se:
I - da validade jurídica dos atos efetivamente praticados pelos contribuintes, responsáveis, ou terceiros, bem como da natureza do seu objeto ou dos seus efeitos;
II - dos efeitos dos fatos efetivamente ocorridos.

11. Art. 123. Salvo disposições de lei em contrário, as convenções particulares, relativas à responsabilidade pelo pagamento de tributos, não podem ser opostas à Fazenda Pública, para modificar a definição legal do sujeito passivo das obrigações tributárias correspondentes.

TRIBUTAR NA ERA DA TÉCNICA

tributárias, colocou-se em pauta uma leitura do direito tributário baseada em uma eficácia positiva do princípio da capacidade contributiva[12], coibindo os "abusos de forma" praticados pelo contribuinte, prestigiando-se a "substância econômica" como critério para a verificação e quantificação da incidência tributária em detrimento até mesmo da licitude dos documentos privados produzidos pelo contribuinte[13].

Em todos esses momentos, o tema da autonomia conceptual do direito tributário apareceu em cotejo com o aparato conceptual do direito privado. Os substanciosos aportes realizados pelos pesquisadores envolvidos em cada uma dessas investigações, porém, não colocavam sob o foco temático o cotejo dos conceitos utilizados nas normas-padrão de incidência com documentos normativos produzidos pela própria Administração[14] para regular outros setores da conduta dos administrados, tal como vem acontecendo com crescente frequência na jurisprudência.

Desse modo, o presente trabalho pretende contribuir para o avanço do conhecimento científico no campo do direito

---

12. Expressão muito empregada por Marco Aurélio Greco (com maior ênfase em GRECO, Marco Aurelio. *Planejamento Fiscal e Interpretação da Lei Tributária*. São Paulo: Dialética, 1998.) e por Ricardo Lobo Torres (dentre outros, cf. TORRES, Ricardo Lobo. *A Legalidade Tributária e os seus Subprincípios Constitucionais*. In: Revista de Direito da Procuradoria Geral do Estado do Rio de Janeiro. n. 58. Rio de Janeiro: 2004).

13. Em contrapartida a esse posicionamento, expressivos os textos de Paulo de Barros Carvalho (CARVALHO, P. B. . "Entre a forma e o conteúdo na desconstituição dos negócios jurídicos simulados". In: Ives Gandra da Silva Martins; Humberto Ávila. (Org.). Aspectos polêmicos do imposto de renda e proventos de qualquer natureza. 1 ed. Porto Alegre: Magister, 2014, v. , p. 51-73) e Paulo Ayres Barreto (BARRETO, Paulo Ayres. *Planejamento Tributário: Limites Normativos*. São Paulo: Noeses, 2016).

14. Recentemente, no que já se poderia colocar como uma quarta onda sobre o tema da autonomia conceptual no âmbito dos tributos, vêm sendo desenvolvidos estudos que lidam com outras interdisciplinaridades e intertextualidades significativas no direito tributário, mormente entre o *direito tributário* e a *contabilidade* (à luz do papel desempenhado pelos pronunciamentos do Comitê de Pronunciamentos Contábeis) e entre este e a *economia*. À diferença desses trabalhos, o presente livro centra sua atenção numa *fonte normativa estatal*, as agências reguladoras e seus respectivos diplomas normativos.

tributário ao submeter à experiência a licitude do emprego de definições advindas de diplomas do direito regulatório na construção de sentido da regra-matriz de incidência tributária. Eis a hipótese.

3. DO ITINERÁRIO DA PESQUISA

Exposta a hipótese e delimitado o objeto de estudos, passo a expor o itinerário desta pesquisa, que será desenvolvida ao longo de quatro capítulos.

No **primeiro capítulo** pretendo enunciar as premissas de que parte este trabalho, fixando o ponto de vista e fazendo breve incursão nas categorias do Constructivismo Lógico-Semântico para expor as acepções com que tomarei certos termos do linguajar científico-jurídico. Além desses cuidados, será preciso explicitar os sentidos que atribuirei às expressões *termo*, *conceito*, *definição* e *objeto*, mitigando os desentendimentos que o uso dessas palavras na acepção da linguagem natural poderia causar. Desses cuidados depende a precisão das proposições que seguirão.

O **segundo capítulo** se dedica à investigação do "poder normativo das agências reguladoras", tendo como propósito identificar como as normas expedidas por esses sujeitos se inserem na hierarquia do sistema jurídico brasileiro. Nesse momento, deveremos firmar as bases para compreender como as agências exercitam sua liberdade estipulativa no que se refere aos conceitos ("indeterminados") dispostos nas leis que as instituem e, também, em quais condições as definições por elas firmadas se relacionam a outros dispositivos definitórios da legislação brasileira.

O **terceiro capítulo** cuida de relacionar como as forças contrapostas da *unidade* e da *autonomia conceptual* se manifestam no direito tributário. Nesse ponto, indicarei dispositivos no ordenamento jurídico brasileiro em geral e no subsistema tributário em particular, que prescrevem a uniformidade terminológica e que autorizam, em certos casos, a autonomia nas definições em diferentes contextos normativos. Identificaremos situações de polissemia dentro do direito positivo e examinaremos como as disposições de *unidade* e *autonomia* podem auxiliar o intérprete na atribuição do sentido mais adequado a cada contexto de aplicação. Uma vez que estejam feitos os estudos de literatura especializada tanto sobre a competência normativa das agências reguladoras, como dos mecanismos de elucidação das polissemias no texto normativo, voltarei aos termos da hipótese de trabalho para traçar os meios pelos quais as definições expedidas pelas agências podem participar do processo de atribuição de sentido das normas jurídicas tributárias em sentido estrito.

A hipótese formulada ao final do terceiro capítulo será submetida à prova no início do **quarto capítulo**, quando examinaremos várias ocasiões em que a jurisprudência das cortes superiores e a própria administração pública reconheceram a pertinência de definições técnicas para elucidar o alcance de incidências tributárias. As notas resultantes desses experimentos serão objeto de análise crítica, visando a aperfeiçoar os parâmetros estabelecidos na hipótese inicial, seja para rechaçá-los, seja para reafirmá-los a despeito da inconformidade com algum dos precedentes examinados.

Tendo cumprido este itinerário, estarei em boas condições para me pronunciar sobre a *tese fraca* (fraca no sentido que lhe dá o prefixo *hipo*-tese) nos termos conclusivos de uma *tese*, então robustecida pelo desenvolvimento da presente experiência, tal como metodicamente esboçado acima.

CAPÍTULO 1
FUNDAMENTOS PARA UMA
APROXIMAÇÃO DO OBJETO

1. UMA PERSPECTIVA NORMATIVISTA

Na natureza, nenhum fenômeno é simples o suficiente para que possa ser examinado por um único ponto de vista, construindo conhecimento que seja absoluto e completo. Tampouco é assim na vida dos homens em coletividade: várias são as ciências sociais e bem distintos seus instrumentos de observação. Como consequência disso, diversos também serão os objetos construídos no exame das condutas intersubjetivas, a depender do aparato conceptual a que as submetamos.

Não existem fatos *puros*, como nos lembra Lourival Vilanova[15]. Em meio a essa miríade de aproximações possíveis para o fenômeno, cabe ao pesquisador escolher um dentre os vários métodos existentes para conduzir sua pesquisa, demarcando rigorosamente o seu objeto. Trata-se de providência indispensável para evitar que a confusão de expedientes metodológicos venha a comprometer a consistência de suas conclusões.

---

15. VILANOVA, Lourival. *Causalidade e Relação no Direito*. São Paulo: Noeses, 2015.

Pois bem, este é um trabalho que pretende tomar *normas jurídicas* como seu objeto de estudos. Surpreende-as enquanto textos prescritivos de condutas intersubjetivas, com o timbre distintivo da coercitividade estatal[16]. Para examiná-los, a pesquisa se valerá, em larga medida, das categorias estabelecidas no interior do Constructivismo Lógico-Semântico[17].

Fixar como objeto de estudo somente as normas jurídicas significa que *não colocarei* no centro das atenções dessa pesquisa os efeitos dessas regras sobre a sociedade (considerações de sociologia jurídica[18]), as respostas do sistema econômico a elas (análise econômica do direito[19]), nem qualquer consideração que extrapole a investigação sentido deôntico do texto jurídico. Se o fizesse, passaria a tratar de *outros* objetos sociais, cuja análise careceria de categorias e métodos investigativos diversos dos que pretendo empregar no presente texto. A demarcação é importante para não incorrer na a mesma confusão metodológica que Kelsen expurgava com sua proposta de uma *teoria pura*[20] e que, mais tarde, levaria

---

16. O conceito segue então a proposta de Hans Kelsen para diferençar o direito dos demais sistemas prescritivos de condutas, como a moral: *"Uma distinção entre o Direito e a Moral não pode encontrar-se naquilo que as duas ordens sociais prescrevem ou proíbem, mas no como elas prescrevem ou proíbem uma determinada conduta humana. O Direito só pode ser distinguido essencialmente da Moral quando [...] se concebe como uma ordem normativa que procura obter uma determinada conduta humana ligando à conduta oposta um ato de coerção socialmente organizado, enquanto a Moral é uma ordem social que não estatui quaisquer sanções desse tipo, visto que as suas sanções apenas consistem na aprovação da conduta conforme às normas e na desaprovação da conduta contrária às normas, nela não entrando sequer em linha de conta, portanto, o emprego da força física."* (cf. KELSEN, Hans. *Teoria Pura do Direito*. São Paulo: Martins Fontes, 2009. p.71).

17. Refiro-me ao modelo teórico estabelecido a partir das lições de Lourival Vilanova, aperfeiçoado e difundido pelos trabalhos do professor Paulo de Barros Carvalho.

18. No sentido mais tradicional dessa expressão. Faço notar, entretanto, que existem algumas linhas de estudo na sociologia jurídica que se limitam a estudar o subsistema social jurídico em seu interior, como fazem muitos estudiosos de Luhmann, dentre eles Celso Fernandes Campilongo.

19. Na linha dos trabalhos recentes de Cristiano Carvalho.

20. "De um modo inteiramente acrítico, a jurisprudência tem-se confundido com a psicologia e a sociologia, com a ética e a teoria política. Esta confusão pode

Alfredo Becker a denunciar a *"infeliz mancebia"*[21] no desenvolvimento do direito tributário brasileiro.

Assim como os autores citados, pretendo examinar as normas jurídicas somente em sua manifestação prescritiva, independentemente de considerações aprofundadas sobre os *motivos* de sua gênese e as *consequências* de sua implementação, não por ignorar que sobre o dado jurídico atuem relevantes forças de cunho histórico, econômico, sociológico etc., mas justamente por acreditar que tais fatores possam ser melhor esquadrinhados por *outros* métodos especulativos, que, por sua vez, poderão aproveitar proposições conclusivas desta pesquisa para *potencializar* suas próprias observações em estudos interdisciplinares[22]. Afinal, dada a inerente presença do fenômeno da intertextualidade na formação do conhecimento humano, mesmo a construção de um saber interdisciplinar carece, antes, de bom conhecimento dos saberes disciplinares, individualizados, como reconhece Paulo de Barros Carvalho:

---

porventura explicar-se pelo fato de estas ciências se referirem a objetos que indubitavelmente têm uma estreita conexão com o Direito. Quanto a Teoria Pura empreende delimitar o conhecimento do Direito em face destas disciplinas, fá-lo não por ignorar ou, muito menos, por negar essa conexão, mas porque intenta evitar um sincretismo metodológico que obscurece a essência da ciência jurídica e dilui os limites que lhe são impostos pela natureza do seu objeto." (KELSEN, Hans. *Teoria Pura do Direito*. São Paulo: Martins Fontes, 2009. pp.1-2).

21. "Além da infeliz mancebia do Direito Tributário com a Ciência das Finanças Públicas que o desviriliza – pois exaure toda a juridicidade da regra jurídica tributária – sucede que a maior parte das obras tributárias que pretendem ser jurídicas, quando não padecem daquela hibridez, é simples coletâneas de leis fiscais singelamente comentadas à base de acórdãos contraditórios e paupérrimos de argumentação cientificamen- te jurídica, cuja utilização prática está condicionada à curta vigência da lei fiscal, por natureza a mais mutável das leis. O consulente sente-se orientado mais pela quantidade física e autoridade hierárquica dos acórdãos que pela análise verda- deiramente jurídica do problema." (BECKER, Alfredo Augusto. *Teoria Geral do Direito Tributário*. São Paulo: Noeses, 2010. p.5).

22. Dentre os métodos que se poderiam apontar como eficazes na articulação dos dados dessas diversas disciplinas para concatená-los numa observação sociológica mais completa, tem se destacado entre os juristas a teoria dos sistemas sociais concebida por Niklas Luhmann, exposta em sua relação com o dado jurídico no livro O direito da Sociedade. (LUHMANN, Niklas. *O direito da sociedade*. Trad. Saulo Krieger. São Paulo: Martins Fontes, 2016).

> As questões mais difíceis acerca do caráter disciplinar ou inter-disciplinar do conhecimento científico perdem substância diante do reconhecimento inevitável da intertextualidade. Tomado o saber da Ciência como algo que se apresenta invariavelmente em linguagem, constituindo-se na forma e no sentido de texto, não teria propósito sustentar o projeto do isolamento disciplinar sem ferir de maneira frontal o axioma da intertextualidade. Simultaneamente, porém, não haveria cabimento falar-se numa interdisciplinaridade prescindindo-se do valor individual das disciplinas postas em relação, o que significa reconhecer a bi-implicação desses conceitos.[23]

Será, portanto, dentro desses limites que deve ser percebido o corte metodológico aqui feito: não se trata de uma *necessidade,* de algo que deriva da "natureza das coisas", nem de isolar uma *essência "mais-verdadeira-que-as-outras"* do fenômeno. É apenas o reconhecimento de que o método eleito, qualquer que seja, será apenas *um* dentre os vários lados dessa multifacetada realidade ora examinada. Tomá-la na unidade, a despeito da consciência de sua infinita complexidade, é requisito para que as proposições conclusivas tenham a homogeneidade e consistência que só o desempenho rigoroso de um método de estudo pode oferecer.

2. TERMO, CONCEITO E DEFINIÇÃO

"Termo", "conceito" e "definição" são expressões que serão bastante utilizadas ao longo deste trabalho. Dada a relevância que elas assumirão no desenvolvimento do raciocínio que segue, acredito ser oportuno revisitá-las, explicitando o sentido que elas assumirão no decorrer do texto e a relação que existe entre essas noções.

---

23. CARVALHO, Paulo de Barros. *Direito Tributário Linguagem e Método.* 5ª ed. São Paulo: Noeses, 2013. p. 198. Destaquei.

2.1 *Termo e conceito*

Ao expressar-nos sobre o mundo que nos circunda, logo percebemos que não nos valemos das nossas experiências sensoriais, simplesmente não é possível comunicar o conjunto de estímulos que nos chega aos sentidos, pois nem o maior poeta é capaz de transmitir a alguém os impulsos neurais, as inquietudes do espírito... aquilo que se transmite são apenas *signos*, tais como as *palavras*. Por meio delas, manipulamos *conceitos* (ideias ou noções[24]) para aprisionar essa nossa inefável percepção num corte descontínuo e homogêneo[25] que eles (os conceitos) nos permitem cindir.

Explicando melhor, quando usamos um conceito recortamos esse fluxo ininterrupto e caótico de sensações para nos referir apenas a uma parte desse contínuo. Esse esforço envolve suspender todos os demais estímulos que não cessam de bombardear nossa consciência para nos concentrar no objeto de nosso interesse. A medida em que avançamos em nosso intento de despir o objeto de tudo o mais que possa acometer nossa consciência, *criamos* esse expediente mental (o conceito) que nos permite referir ao objeto e estabelecer relações com outros estímulos que nos chegam à consciência (tais como as relações de semelhança, identidade, diferença, continência etc.). Eis o conceito: a ferramenta mais básica do pensamento humano.

---

24. A despeito de propostas terminológicas que procuram segregar essas expressões (conceitos, ideias e noções) como subclasses de um mesmo fenômeno (ver HARDY-VALLÉE, Benoit. *Que é um conceito?* Trad. Marcos Bagno. São Paulo: Parábola, 2013), permito-me neste trabalho tomar essas expressões como sinônimas, utilizando a expressão *conceito* em sua acepção mais lata, sem separá-lo do *tipo* (como fazem outros, tal como DERZI, Misabel de Abreu Machado. *Direito Tributário, Direito Penal e Tipo*. São Paulo: RT, 2007).

25. Diz Heinrich Rickert: "o contínuo se deixa dominar pelo conceito tão logo seja homogêneo, e o heterogêneo se submete ao conceito tão logo possamos fazer cortes neles, isto é, quando o transformamos de contínuo em descontínuo." (RICKERT, Heinrich. *Ciencia Natural y Ciencia Cultural*. Madrid: Castilla, 1965. p. 63).

Dessa breve síntese, já surge uma importante nota: todo conceito é uma *criação* da mente humana[26]. Criação que se faz com o propósito de estabelecer um quadro de referências mentais que se pode articular com *outros* conceitos, para expressar alguma coisa sobre o mundo que experimentamos. Como diz Luiz Antônio Marcuschi:

> O mundo da experiência sensorial simplesmente não tem uma face externa diretamente palpável, seja aos nossos sentidos ou às nossas teorias. Toda nossa expressão do mundo é uma articulação inferencial na base de categorias ou conceitos.[27]

Para expressar os conceitos, tornando apreensível para outros aquilo que se processa em nosso intelecto, nos servimos de signos, os *termos* (palavras, sinais, locuções, expressões). Expedindo-os, vertemos uma ideia numa forma física, isto é, em qualquer sinal apreensível pela intuição sensível de outras consciências.

É muito importante discernir os signos (termos) dos conceitos, pois entre eles se estabelecem relações intricadas. Nas linguagens naturais, como também acontece na linguagem técnica jurídica, é comum que as relações entre termos e conceitos não sejam biunívocas[28]. Muito ao contrário, no linguajar jurídico há muitos exemplos de diferentes termos que se referem a um mesmo conceito (*sinonímia*, por exemplo "direito do trabalho" e "direito laboral", termos distintos, se referem a um mesmo conceito); como também há casos em

---

26. Interessante observar aqui a etimologia da palavra. Segundo o dicionário Houaiss da língua portuguesa, o termo conceito deriva do latim concĕptus,us "*no sentido de 'ação de conter, ato de receber, germinação, fruto, feto, pensamento'*" (HOUAISS, Antonio. *Dicionário Eletrônico Houaiss*. Disponível em: "http://houaiss.uol.com.br". Acesso em 02.12.2016.).

27. MARCUSCHI, Luiz Antônio. Atividades de referenciação, inferenciação e categorização da produção de sentido. In: FELTES, Heloíssa Pedroso de Moraes. *Produção de Sentido. Estudos transdiciplinares*. São Paulo: Annablume, 2003. p.246.

28. Tal relação seria biunívoca se para cada termo correspondesse um e somente um conceito *e*, simultaneamente, para cada conceito correspondesse um e somente um termo.

que um único termo remeta a dois ou mais conceitos distintos (*polissemia*, como acontece com o termo "tributo" que alude tanto ao conceito de "prestação pecuniária compulsória" previsto no CTN, como ao conceito de "receita derivada", prevista na Lei 4.320/64).

Para melhor navegar nos descompassos entre os vários termos e diversos os conceitos, superando tanto os problemas da sinonímia como os da polissemia, é preciso recorrer ao *contexto da mensagem*. Segundo Stephen Ullman:

> Todas as palavras, por muito precisas e inequívocas que possam ser, extrairão do contexto uma certa determinação que, pela própria natureza das coisas, só pode surgir em elocuções específicas. Até os nomes próprios, as mais concretas de todas as palavras, têm uma variedade de aspectos dos quais um só será o apropriado para uma situação particular; só o contexto nos mostrará se, ao falarmos da Rainha Vitória, nos referimos à jovem Rainha aconselhada por Lord Melbourne, à velha governante que reinava por ocasião da Guerra dos Boers, ou a qualquer outra fase dos oitenta e dois anos da sua vida.
>
> [...] Além desta influência geral, o contexto pode também desempenhar um papel vital na fixação do significado das palavras demasiado vagas, ou demasiado ambíguas, para fazerem sentido por si próprias.[29]

Daí o recurso constante que faremos a expressões como *"contexto de significação"* ou *"contexto normativo"* para nos referir aos dados contextuais que auxiliam na identificação dos conceitos jurídicos suscitados pelos termos utilizados nas mensagens do direito.

2.2 *Definições e liberdade estipulativa*

"Definição" é palavra que sofre da processo/produto: o termo ora se refere à (i) *operação lógica* que demarca os limites semânticos de um conceito; ora indica o (ii) *enunciado*

---

29. Ullmann, Stephen. Semântica. *Uma introdução à ciência do significado*. Trad. J. A. Osório Mateus. 3ª ed. Lisboa: Calouste Gulbenkian, 1973. pp. 109-110.

resultante de tal procedimento. Nos contornos desta pesquisa, no mais das vezes a palavra será tomada na segunda acepção, significando os enunciados que servem de parâmetro para o manejo dos conceitos legislados.

As definições desempenham ao menos cinco[30] importantes papéis na comunicação humana: (i) *aumentam o vocabulário*, configurando forma de aquisição de conceitos; (ii) contribuem para *superar as ambiguidades*, permitindo melhor identificar a qual sentido a palavra definida se refere; (iii) *aclaram o conceito*, atenuando o problema da vagueza; (iv) *produzem explicações teoréticas*, isto é, formulam descrições que sejam úteis em um determinado contexto; e servem ainda para (v) *influenciar outros* ou provocar emoções nos interlocutores.

À predominância de cada uma dessas funções Irving Copi faz corresponder um *tipo* de definição[31]: (i) as *d. estipulativas*, que criam novos conceitos dentro de um vocabulário; (ii) as *d. Lexicográficas*, que esclarecem o uso um conceito tal como já estabelecido numa linguagem corrente; (iii) as *d. aclaradoras*, que transcendem o uso da linguagem corrente para decidir a aplicação do conceito a casos limítrofes, indo além das d. lexicográficas; (iv) *d. teóricas*, que estabelecem um conceito em meio a um modelo teórico; e, finalmente, (v) as *d. persuasivas*, cujo propósito consiste em influenciar as emoções das pessoas.

Diz-se com frequência que o direito trabalha com definições estipulativas[32], dado que o legislador ao definir um conceito legal dá a ele a acepção que melhor entender, podendo até mesmo descolar-se do sentido que lhe atribui a linguagem ordinária. De fato, uma definição estipulativa cuida de estabelecer um conceito em termos *inaugurais*, descabendo buscar sentidos anteriores à escolha do significado feita na definição.

---

30. A enumeração é de Irving Copi à qual acresço apenas alguns comentários ligeiros. (COPI, Irving M. *Introdução à lógica*. São Paulo: Mestre Jou, 1981. p.105).

31. *Op. Cit.* pp. 112-118.

32. Exemplificando, cito CARRIÓ, Genaro R. *Notas sobre Derecho y Lenguaje*. Buenos Aires: Abeledo Perrot, 2006.

Ocorre que o próprio Irving Copi, ao explicar sua tipologia das definições, chama atenção ao fato de que muitas das definições expedidas no contexto jurídico serem do tipo que ele chama de *aclaradoras*:

> Entretanto, para que a vagueza do *definiendum* seja reduzida é preciso ir além do uso estabelecido. A medida exata em que pode ir além, o modo pelo qual preenche as lacunas ou resolve os conflitos que houver no uso estabelecido, tudo isto se funde, de certa maneira, em uma questão de estipulação – mas não inteiramente. Muitas decisões de caráter legal envolvem definições aclaradoras em que se esclarecem certos termos jurídicos, embora incluam ou excluam especificamente o caso em questão. De modo geral, os juristas apresentam argumentos destinados a justificar suas decisões em tais casos, e essa prática demonstra que não consideram suas definições aclaradoras como simples estipulações, nem mesmo nas próprias áreas que não estão abrangidas pelo uso precedente ou estabelecido. Pelo contrário, procuram guiar-se, em parte, pelas supostas intenções dos legisladores que promulgam a lei e, em parte, pelo que presumem, em sua concepção, ser de interesse público.[33]

A distinção é sutil, porém muito relevante para a argumentação jurídica: nas definições estipulativas, pleiteia-se que o sentido é original, descabendo qualquer especulação sobre usos pretéritos. Já as definições aclaradoras se estabelecem a partir do uso já reconhecido num vocabulário, porém à diferença do que acontece com as d. lexicais, valem-se de liberdade estipulativa para determinar critérios novos em adição aos já conhecidos, que servem para determinar a aplicabilidade (ou inaplicabilidade) do conceito a casos que se compreendiam dentro de uma zona de vagueza. Trata-se de orientação que permite uma aproximação interessante com o dispositivo do art. 11, III, *a*, da Lei Complementar 87/96, que prescreve como regra geral o uso das palavras em seu sentido "comum" ou sua acepção "técnica", ambos vocabulários de alguma forma preexistentes ao dado jurídico.

---

33. COPI, Irving M. *Introdução à lógica*. São Paulo: Mestre Jou, 1981. p.117.

No entanto, vale notar que, em ambos os casos, a linguagem jurídica ao definir seus conceitos se caracteriza pela existência de uma *liberdade de estipulação* (que será mais ou menos ampla conforme as prescrições do ordenamento em cada caso). Essa liberdade estipulativa permite ao legislador dar, aos conceitos, contornos distintos daqueles consagrados nos usos extrajurídicos, exigindo cuidados especiais dos intérpretes.

3. DEFININDO A CATEGORIA: NORMA JURÍDICA

Para que o conceito "norma jurídica" possa ser bem empregado no curso desta pesquisa, comunicando aquilo que se pretendeu comunicar e nada mais, é preciso definir o significado que ele assumirá neste texto, reduzindo o espaço da ambiguidade e vagueza como ruídos da comunicação.

3.1 *Duas acepções para o termo "norma jurídica"*

Mesmo se restritas as proporções semânticas do termo "norma jurídica" à definição que se lhe dá nos contornos do Constructivismo Lógico-Semântico, ainda assim existe significativa ambiguidade no discurso que deve ser tida em boa conta pelo leitor.

A expressão "norma jurídica" costuma ser empregada para designar dois objetos distintos: (i) cada um dos enunciados prescritivos dos textos jurídicos (por exemplo *"A norma do art. 4º, I, da Lei 10.406/2002"*) e (ii) o juízo hipotético-condicional formulado pelo intérprete a partir da leitura desses textos, tal qual fazem Kelsen[34] e Lourival Vilanova[35], ao tratar da *proposição normativa*, como também faz Paulo de Barros Carvalho quando se refere à *norma jurídica em sentido estrito*[36].

---

34. KELSEN, Hans. *Teoria Pura do Direito*. São Paulo: Martins Fontes, 2007. pp. 80-81.

35. VILANOVA, Lourival. *As Estruturas Lógicas e o Sistema de Direito Positivo*. São Paulo: Noeses, 2005. p.89.

36. CARVALHO, Paulo de Barros. *Direito Tributário Linguagem e Método*. São Paulo: Noeses, 2013. p.128.

As duas acepções são úteis para a compreensão de nosso objeto de estudos, uma vez que a regra-matriz de incidência tributária, da qual trataremos adiante, é esquema organizador de *normas jurídicas em sentido estrito*, ao passo que as regras emitidas por agências reguladoras com definições técnicas inserem-se, invariavelmente, no extenso quadro de *enunciados prescritivos* que preenchem com conteúdo os espaços sintáticos dos termos antecedente e consequente das normas jurídicas em sentido estrito. Como explica Paulo de Barros Carvalho:

> Seja como for, o processo de interpretação não pode abrir mão das unidades enunciativas esparsas do sistema do direito positivo, elaborando suas significações frásicas para, somente depois, organizar as entidades normativas (sentido estrito). Principalmente porque o sentido completo das mensagens do direito depende da integração de enunciados que indiquem as pessoas (físicas e jurídicas), suas capacidades ou competências, as ações que podem ou devem praticar, tudo em determinadas condições de espaço e de tempo.[37]

Ante essa constatação, será mais proveitoso ignorar a tentativa de buscar uma acepção "mais correta", dentre as duas declinadas, e tomar consciência das diferenças entre os objetos a que a expressão se refere. Desse modo, com a ajuda dos dados contextuais, estaremos em boas condições para sempre identificar em qual dos sentidos se empregou a palavra. Será esse o caminho preferido ao longo desta pesquisa.

Uma segunda maneira de evitar a confusão que as duas vozes do termo podem suscitar é o expediente de empregar a dicotomia "sentido amplo" e "sentido estrito", tal faz Aurora Tomazini de Carvalho:

> [...] a separação entre normas jurídicas em sentido amplo e normas jurídicas em sentido estrito, para aliviar as incongruências semânticas do uso da expressão "norma jurídica". As primeiras denotam unidades do sistema do direito positivo, ainda que não expressem uma mensagem deôntica completa. As segundas

---

37. *Op. Cit.* p.131.

denotam a mensagem deôntica completa, isto é, são significações construídas a partir dos enunciados postos pelo legislador, estruturadas na forma hipotético-condicional.[38]

Trata-se de expediente analiticamente proveitoso, em especial quando for necessário expor o relacionamento entre esses dois objetos designados pelo único nome de "norma jurídica". Essa aproximação será também empregada no decorrer do texto, sempre que que os dados contextuais não permitam a inferência da acepção utilizada ou quando seja necessário tratar do relacionamento entre essas duas acepções, como acontece na descrição do percurso gerador de sentido.

3.2 *Percurso gerador de sentido*

Enquanto texto, o direito comparece para os sujeitos como objeto sujeito a interpretação. Para compreender os comandos prescritos, é necessário que o sujeito empreenda atividade criadora de atribuição de sentido[39] ao texto com que trava contato. Uma primeira consequência disso é a afirmação de que inexistem significados acabados encerrados por debaixo da tinta com que se imprimem as leis, prontos a serem *desvelados* pelo esforço do intérprete.

O sentido é obra do intérprete, que projeta o espírito sobre a letra do texto interpretado, transformando termos em conceitos, encadeando-os em sua mente para dar vida ao significado. Só assim as palavras deixam de ser meras marcas de tinta sobre o papel e passam a *"querer dizer"* algo, como em

---

38. CARVALHO, Aurora Tomazini de. *Curso de Teoria Geral do Direito*. São Paulo: Noeses, 2016. p. 284.

39. Ao contrário do que sustentam Carlos Maximiliano e outros tantos, trabalharemos aqui com a premissa de que o sentido não é *extraído* pela atividade interpretativa, mas *construído* pelo sujeito cognoscente ao interpretar os signos. Rigorosamente, algo só pode ser considerado um signo se houver, ao menos a potencialidade de que seja interpretado por algum destinatário. (ECO, Umberto. *As formas do conteúdo*. São Paulo: Perspectiva, 2010. p.XII).

uma conversa na qual pressupomos que o emissor do texto *quer* nos dizer algo (ainda que inconscientemente).

A imagem de uma conversa serve ainda para elucidar um segundo aspecto do agir interpretativo. Trata-se de operação que *"executamos cooperativamente sobre o mundo num esforço de construí-lo discursivamente para nossos propósitos"*[40], como explica Luiz Antônio Marcuschi. Esse aspecto *cooperativo* se dá pelo respeito às convenções linguísticas que formam uma cultura: interpreta-se cada termo, cada frase, com os referenciais próprios da circunstância (o contexto), mas também em respeito a um código comum aos interlocutores. Atentar para isso explica como um mesmo termo, como no clássico exemplo de "mulher honesta", pode sofrer profunda alteração na sua maneira de *significar* um conceito[41].

Não é o caso de que os intérpretes "de hoje" estejam dotados de instrumentos mais eficazes do que os intérpretes "de ontem" para *extrair* o sentido da expressão "mulher honesta": as diferenças no sentido interpretado nas duas condições temporais se explicam justamente porque os participantes da cultura "de ontem" e da "de hoje" *constroem* o sentido a essa expressão de maneiras distintas.

A boa compreensão dessas ideias permite afirmar que a interpretação: (i) é sempre um *ato*, ou melhor, uma ação a ser desempenhada por um sujeito (o intérprete), (ii) *cognitivo*, (iii) não no sentido de que recolhe conhecimento, mas que o *constrói* a partir dos signos com que foi vertida a mensagem interpretada, (iv) seguindo as *regras* pré-estabelecidas em um código convencionalmente estipulado que dita a estrutura e os conteúdos a que os signos apontam, (v) relacionando-os aos *dados contextuais* que influenciam decisivamente no produto oriundo desse procedimento.

---

40. MARCUSCHI, Luiz Antônio. *Atividades de referenciação, inferenciação e categorização da produção de sentido*. In: FELTES, Heloíssa Pedroso de Moraes (Coord.). *Produção de Sentido. Estudos transdiciplinares*. São Paulo: Annablume, 2003. p.243.

41. Retomarei esse ponto adiante, no item 4.3. do Capítulo 3.

Aplicadas tais noções ao exame do material jurídico, pode-se desdobrar analiticamente o processo construtor de sentido das normas jurídicas em quatro etapas, como faz Paulo de Barros Carvalho[42]. Na primeira delas, o intérprete trava contato com a instância material do texto (montando o plano *S1*); sobre ela, adjudica sentido a cada signo da mensagem legislada, articulando-os para formar frases simples, os enunciados normativos (as *normas jurídicas em sentido lato*, que compõem o plano *S2*); ocorre que a só leitura de um desses enunciados mostra-se muitas vezes insuficiente para conhecer, na inteireza, o teor deôntico da mensagem, por isso mesmo, o intérprete volta à literalidade textual buscando outros signos, repete o procedimento de adjudicar sentido e constrói *outros enunciados*, tornando ao texto por diversas vezes até o ponto em que domina significações bastantes para construir a mensagem deôntica completa, sob a forma lógica de juízo hipotético-condicional (H→C), estabelecendo a descrição de um fato em seu antecedente (H) e implicando (→) a prescrição de uma conduta em sua consequência (C) (i.e. as *normas jurídicas em sentido estrito*, que formam o plano *S3*); somente então será possível inserir esse comando no universo das demais normas jurídicas que, em relações de coordenação e subordinação para com aquela construída, formam o seu *contexto normativo*, também chamado ordenamento jurídico (o plano *S4*).

3.2.1 As normas de definições no percurso gerador de sentido

O modelo conceptual de Paulo de Barros Carvalho proporciona interessante ferramenta para enxergar como um enunciado de estrutura *descritiva*, como sucede com as definições, participa da construção de uma mensagem *prescritiva*, como devem ser todas as unidades do discurso jurídico.

Com efeito, o texto do ordenamento jurídico brasileiro está repleto de exemplos de enunciados que apresentam a forma

---

42. CARVALHO, Paulo de Barros. *Curso de Direito Tributário*. São Paulo: Saraiva, 2016. pp.128-145.

declarativa: "*Brasília é a Capital Federal*" (art. 18, §1º, CF); "*A personalidade civil da pessoa começa do nascimento com vida*" (art. 2º, CC); "*Tributo é toda prestação pecuniária compulsória, em moeda ou cujo valor nela se possa exprimir, que não constitua sanção de ato ilícito, instituída em lei e cobrada mediante atividade administrativa plenamente vinculada*" (art. 3º, CTN).

Aquele que se depara com quaisquer dos exemplos apontados acima não consegue, da leitura isolada, perceber claramente a mensagem deôntica em sua inteireza. Qual a conduta que dele se espera? Em quais condições ela será exigida? Ainda assim, o sujeito está indubitavelmente diante de textos jurídicos em cada uma dessas instâncias. Como fazer sentido dele?

Tomado o modelo interpretativo concebido por Paulo de Barros Carvalho, os exemplos dados se inserem no domínio dos enunciados isolados, são normas jurídicas em sentido amplo, participando do plano S2. Por isso, são incapazes de veicular *per se* uma significação deôntica. Para tanto, deverão se relacionar, no interior de um processo interpretativo, concatenando-se com outros enunciados para, assim, exprimir uma mensagem deôntica em sua inteireza, cumprindo sua função como normas jurídicas em sentido estrito.

Será somente quando estiverem associados a outros enunciados, compondo aquela estrutura normativa que se verifica no plano S3, que poderemos inserir o enunciado descritivo no interior de uma mensagem deôntica com sentido completo.

De fato, as definições que aparecem no texto jurídico, como enunciados construídos com forma descritiva, não apresentam imediatamente sua feição deôntica: como todo enunciado isolado, carecem de articulação com outros enunciados prescritivos para poder compor uma norma em sentido estrito. Como anota Tárek Moysés Moussallem: "*as definições legais, mesmo possuindo caráter prescritivo, funcionam para contribuir na construção de uma norma* [em sentido estrito]"[43].

---

43. MOUSSALLEM, Tárek Moysés. Sobre Definições. In: CARVALLHO, Paulo de

Essas observações são importantes na medida em que permitem inserir as definições expedidas em textos jurídicos como objeto de estudo do direito, rompendo com uma longa tradição na literatura de que não haveria espaço para a existência de definições na construção do texto jurídico, tal como já refutavam Alchourrón e Bulygin:

> Y desde luego la tan difundida creencia de que el legislador no debe incluir definiciones en el texto legal, dejando la tarea de definir a la doctrina, es un gravísimo error. Cuanto más definiciones contenga un texto legal, tanto más precisa serán sus normas – siempre, claro está, que el mismo legislador use sus propias definiciones – y tanto mayor será la seguridad jurídica que ofrecerán sus normas.[44]

Firmemos então que as definições instituídas em documentos jurídicos, a despeito de revestirem a *forma descritiva*, destinam-se a integrar normas jurídicas em sentido estrito e, nesse aspecto, são normas jurídicas em sentido amplo (plano S2), cuja *função é sempre prescritiva*.

4. A REGRA-MATRIZ DE INCIDÊNCIA TRIBUTÁRIA

Dentre o universo das normas jurídicas em sentido estrito construídas a partir dos textos de direito positivo brasileiro, para os fins desta pesquisa, interessa-nos especialmente aquelas que versam sobre tributos e, em particular, as que instauram sua incidência[45]. Existem diversas as propostas

---

Barros (Coord.). *Lógica e Direito*. São Paulo: Noeses, 2016. p.264.

44. ALCHOURRÓN, Carlos E.; BULYGIN, Eugenio. *Definiciones y normas*. In: Análisis lógico y derecho. Madrid: Centro de Estudios Constitucionales, 1991, pp. 455-456.

45. É certo que a incidência do tributo não é o único fenômeno normativo examinado pelos trabalhos sobre direito tributário, havendo um significativo campo de estudo que se expande para as chamadas obrigações acessórias, as formas de suspensão e extinção do crédito tributário, os mecanismos processuais específicos para seu controle e cobrança etc. Nesse trabalho, porém, me limitarei às normas que cuidam especificamente do fenômeno da incidência dos tributos.

metodológicas para examiná-las, mas nenhuma delas encontra tanto acolhimento na cultura jurídica brasileira quanto a *regra-matriz de incidência tributária*, desenvolvida por Paulo de Barros Carvalho[46].

A expressão "regra-matriz de incidência tributária" costuma significar duas coisas: (i) uma *técnica* para organização do sentido construído a partir dos textos normativos numa fórmula, que orienta o processo interpretativo com o propósito de garantir-lhe maior rendimento; e, por metonímia, (ii) as *normas* construídas pelo emprego dessa técnica. Por ora, atenhamo-nos à primeira dessas acepções.

Para além da consistência teórica dessa técnica, o bom êxito que a regra-matriz de incidência tributária tem alcançado em meio a estudos no Brasil e no exterior se deve à sua capacidade de funcionar como um "mapa" da norma de incidência de um tributo. Seu esquema lógico permite ao intérprete compor o sentido da norma de incidência dos tributos a partir de dispositivos espalhados ao longo de extensos diplomas normativos e até mesmo de documentos de distintas hierarquias, como acontece com frequência na experiência tributária brasileira. É precisamente essa capacidade de servir de guia para conciliar diferentes dispositivos normativos espalhados pelo ordenamento, realizando a interpretação de cada um de seus critérios, que mais nos interessa na presente pesquisa.

O maior rendimento na interpretação das normas jurídicas tributárias pelo uso da regra-matriz de incidência tributária se explica pela possibilidade de acomodar os comandos prescritos em cada enunciado normativo examinado em meio a uma fórmula que delimita a *"estrutura mínima e*

---

46. O primeiro escrito que se valeu da nomenclatura foi "A regra-matriz do ICM", trabalho de livre docência junto a PUC-SP apresentado em 1981 pelo professor paulistano. Pode-se perceber, no entanto, que o trabalho de concepção da regra--matriz de incidência tributária tem raízes no trabalho "A estrutura lógica da norma jurídica tributária", tese de doutoramento de Paulo de Barros Carvalho defendida em 1973. Para uma exposição concisa sobre a regra-matriz de incidência tributária, conferir BRITTO, Lucas Galvão de. *Notas sobre a regra-matriz de incidência tributária*. Revista de Direito Tributário. n° 115. São Paulo: Malheiros, 2011.

irredutível"[47] da norma que cuida da instituição de tributos. Essa fórmula pode ser assim expressa:

$$D \{ [Cm (v . c) . Ct . Ce] \to [Cp (Sa . Sp) . Cq (bc . al)] \}$$

Em que: D representa a cópula deôntica; Cm é o critério material, composto por um verbo v e um complemento c; Ct é o critério temporal; Ce é o critério espacial; Cp significa o critério pessoal, formado pela indicação de um sujeito ativo Sa e um sujeito passivo Sp; Cq é o critério quantitativo integrado por uma base de cálculo (bc) e uma alíquota (al). É preciso falar um pouco mais sobre cada uma dessas variáveis.

4.1 *A noção de "critério" e a seleção de propriedades perpetrada no interior de cada um deles*

A exposição da fórmula da regra-matriz de incidência tributária evidencia que suas variáveis recebem o nome de *critérios*. A escolha dessa palavra para designá-los revela uma interessante característica do fenômeno por ela estudado.

A incidência tributária compreende, segundo Paulo de Barros Carvalho, dois procedimentos lógicos que se concatenam: a *subsunção* e a *implicação*. Em suas palavras:

> Percebe-se, portanto, que a chamada "incidência jurídica" reduz-se, pelo prisma lógico, a duas operações formais: a primeira, de subsunção ou inclusão de classes, em que se reconhece que uma ocorrência concreta, localizada em determinado ponto do espaço social e em específica unidade de tempo, inclui-se na classe dos fatos previstos no suposto da norma geral e abstrata; outra, a segunda, de implicação, porquanto a fórmula normativa prescreve que o antecedente implica a tese, vale dizer, o fato concreto, ocorrido *hic et nunc*, faz surgir uma relação jurídica também determinada, entre dois ou mais sujeitos de direito.[48]

---

47. CARVALHO, Paulo de Barros. *Direito Tributário Linguagem e Método*. 5ª ed. São Paulo: Noeses, 2013. p.611.

48. *Op. Cit.* p. 668.

Se bem atinarmos para a primeira delas, a *subsunção*, perceberemos que se trata de operação desenvolvida entre classes, mais precisamente uma *inclusão*. Quando se desenvolve a subsunção, o acontecimento examinado[49] é *reconhecido* como elemento integrante da *"classe dos fatos previstos no suposto da norma geral e abstrata"*.

Sendo uma *operação lógica*, convém examiná-la pelos estudos de *lógica*. Seguindo essa senda, como anota Cesar Mortari, há duas formas de apontar que um elemento pertence a um conjunto: a *enumeração* e a *descrição*[50]. Quando enumeramos, seguimos a via da *denotação* e designamos os elementos do conjunto *um a um*, buscando o seu *nome próprio*; quando, porém, descrevemos esse conjunto, fazemos uso da conotação para aludir indiretamente aos elementos por meio de suas *propriedades*: os atributos cuja presença ou ausência são determinantes para julgar se um membro qualquer pertence ou não pertence ao conjunto. O mesmo autor *"Há uma relação muito estreita entre ter uma certa propriedade e pertencer a um certo conjunto [...] De fato, poderíamos dizer que, grosso modo, uma propriedade determina um conjunto"*[51]. Desse modo, os critérios da regra-matriz de incidência tributária cumprem uma importante função de delinear, em conjunto, quais serão as propriedades que os elementos (os acontecimentos da vida social) devem apresentar para pertencer à classe dos fatos descritos na norma geral e abstrata, perfazendo a primeira das operações lógicas envolvidas na incidência, a subsunção.

---

49. A bem do rigor, não seria o "acontecimento-em-si", mas uma classe unitária formada pela própria interpretação do sujeito cognoscente ante o evento. A comunicação se verá facilitada e a precisão do raciocínio não será comprometida se, neste momento, mantivermos a expressão "acontecimento" com a ressalva acima. Da distinção, tratei em BRITTO, Lucas Galvão de. *Sobre o uso de definições e classificações na construção do conhecimento e na prescrição de condutas*. In: CARVALHO, Paulo de Barros (Coord.) e BRITTO, Lucas Galvão de (Coord.). *Lógica e Direito*. São Paulo: Noeses, 2016.

50. MORTARI, Cezar. *Introdução à lógica*. São Paulo: UNESP, 2001. p. 43.

51. *Op. Cit. p.44.*

Se atentarmos para a etimologia da palavra "critério"[52], vemos que uma de suas acepções que se preserva desde origem grega do termo é a de *"regra para distinguir o verdadeiro do falso"*. Trata-se de noção que se coaduna com a compreensão dos critérios da regra-matriz de incidência tributária, pois o alcance das propriedades por eles determinadas determina uma *regra para distinguir*, não a verdade ou falsidade, mas os fatos que podem ensejar a incidência fiscal, separando-os de todos os acontecimentos que não darão cabimento à cobrança do tributo.

4.1.1 As definições no interior da RMIT

Se observarmos atentamente os debates que se instalam na doutrina e na jurisprudência acerca da aplicação de normas jurídicas tributárias, perceberemos que a maior parte deles se dedica à delimitação do alcance de um determinado conceito. É assim com as controvérsias sobre o conceito constitucional de *renda*, de *insumo*, de *serviço de comunicação*, dentre outros tantos. Tais discussões somente têm espaço num paradigma que se assente fortemente em operações de *subsunção*, como é o mecanismo de incidência tributária no ordenamento jurídico tributário brasileiro, fortemente marcado pelos princípios da *tipicidade* e *estrita legalidade tributária*.

Assim sucede porque os comandos normativos são estabelecidos por meio de palavras e elas, valendo-nos da metáfora de Bacon, *"são os substitutos correntes e aceites dos conceitos, tal como as moedas o são para os valores"*[53]. O uso de um termo isolado, como "renda", "serviço" ou "insumo", conquanto nos permita relacionar a um conceito correlato, dá muito espaço à *vagueza* e a *ambiguidade*, dando origem a inúmeras disputas

---

52. Segundo o dicionário Houaiss: *"gr. kritérion,ou no sentido de 'faculdade de julgar, regra para distinguir o verdadeiro do falso', der. do v.gr. krínó no sentido de 'separar, distinguir, escolher, julgar'"* (HOUAISS, Antonio. *Dicionário Eletrônico Houaiss.* Disponível em: "http://houaiss.uol.com.br". Acesso em 02.12.2016.).

53. Apud. ULLMAN, Stephen. *Semântica. Uma introdução à ciência do significado.* Trad. J. A. Osório Mateus. 3ª ed. Lisboa: Calouste Gulbenkian, 1973. p.31.

sobre o sentido adequado da expressão. Por isso mesmo, muitas são as vezes em que o texto jurídico tratará de explicitar as propriedades desses conceitos, determinando as características que um elemento deve satisfazer para que pertença à classe dos elementos conotados pelos conceitos dos textos jurídicos.

Os enunciados que cuidam de estabelecer tais diretrizes assumem a forma declarativa x é y, por meio da qual x é o termo designativo do conceito e y corresponde ao conjunto de termos empregados para traçar as propriedades que um elemento deve ter para se subsumir ao conceito. Tais enunciados são denominados *definições* nos estudos de lógica[54] e linguística[55].

Atentar para o papel desempenhado pelas definições na compreensão do campo de incidência das normas permite-nos afirmar que as imprecisões que dão ensejo às disputas de que tratamos têm três origens: (i) da inexistência de enunciado definitório de um conceito usado por um diploma normativo, forçando os intérpretes a *inferir* definições a partir de outros dispositivos espalhados pelo ordenamento jurídico; (ii) existindo definição legal no diploma, esta é *imprecisa*; (iii) há pluralidade de definições no ordenamento para um mesmo termo legal e as propriedades elencadas são, no todo ou em parte, contrárias ou contraditórias[56].

---

54. "Se definen los conceptos o ideas. Definir significa dos cosas. Un primer efecto de la definición es poner fines o límites a una esencia para que no se confunda con otra; un segundo efecto es hacer más explícito el contenido de dicha esencia. Así, la definición de "hombre" es la de "animal racional"; le hemos puesto ciertos límites, pues no puede ser más que animal racional, pero a la vez hemos destapado esas dos nociones encerradas en aquel único concepto. La definidión ciñe la expresión, pero despliega la comprensión." (SABATÉ, Edgardo Fernández. *Filosofía y lógica*. v. II. *Filosofía del pensar*. Buenos Aires: Depalma, 1979. p.129).

55. "A definição é, pois, entendida como um conjunto de predicações seqüenciadas a uma designação" (MARQUESI, Sueli Cristina. *A Organização do texto descritivo em língua portuguesa*. São Paulo: Lucerna, 2004. p.105).

56. Retomaremos essas hipóteses ao investigar, no Capítulo 3, a polissemia dos termos legislados e os mecanismos de superação de lacunas e solução de antinomias entre as definições.

Se mantivermos em boa conta que cada critério da regra-matriz de incidência tributária, ao usar termos para enunciar conceitos que determinam a incidência de um tributo estão sujeitos à participação de definições legais em sua compreensão, logo perceberemos como o desencontro entre as definições feitas nos distintos subdomínios do direito podem causar problemas para o entendimento da mensagem legislada.

4.2 Critérios da regra-matriz de incidência tributária

Adiante, utilizarei os critérios da regra-matriz de incidência tributária como expediente organizador de várias ocorrências em que as definições expedidas pelas agências reguladoras concorrem para a formação do sentido das normas jurídicas tributárias. Essa providência garantirá maior rigor expositivo para que possamos tecer observações crítico-explicativas sobre essas interpretações.

Por isso mesmo, parece ser oportuno aclarar o alcance de cada desses critérios. É o que passo a fazer neste item.

4.2.1 Critério material

Começo pelo antecedente normativo, que corresponde à primeira parte do juízo hipotético-condicional da regra-matriz de incidência tributária: [Cm(v.c).Ct.Ce]. O primeiro dentre os critérios que lhe dão forma é o material. Composto por um verbo transitivo direto e um complemento. Seu propósito é descrever o *comportamento* que deve ser identificado pelo aplicador como suposto fático para justificar a incidência do tributo. A expressão "comportamento" deve ser compreendida em sua acepção mais lata, como diz Paulo de Barros Carvalho:

> Esse núcleo, ao qual nos referimos, será formado, invariavelmente, por um verbo, seguido de seu complemento. Daí porque aludirmos a comportamento humano, tomada a expressão na plenitude de sua força significativa, equivale a dizer, abrangendo

TRIBUTAR NA ERA DA TÉCNICA

não só as atividades refletidas (verbos que exprimem ação), como aquelas espontâneas (verbos de estado: ser, estar, permanecer etc.).[57]

Muitos dos problemas sobre a extensão dos conceitos utilizados pelo legislador aparecem no exame do critério material da regra-matriz de incidência tributária, tanto no que concerne ao alcance do verbo, como de seu complemento.

Para dar um exemplo das dificuldades que o intérprete enfrenta, vejamos o caso do ISS. Seu critério material, delimitado nos termos da Lei Complementar 116/2001, será *prestar serviço*[58]. Trata-se de duas palavras (prestar e serviço) cuja abrangência semântica na linguagem natural é bem ampla, mas que têm significação juridicamente demarcada pela concatenação de vários dispositivos do ordenamento. *Prestar serviço*, em nosso sistema, consiste num *"esforço de pessoas desenvolvido em favor de outrem, com conteúdo econômico, sob regime de direito privado, em caráter negocial, tendente a produzir uma utilidade material ou imaterial"*[59]. Desse modo, se um sujeito resolve trocar a pintura de sua residência e decide ele mesmo fazer a atividade, ainda que se possa dizer em linguagem despreocupada que ele "fez um serviço para si mesmo", não se poderá dizer, na linguagem jurídica, que ele prestou serviço, porque, no direito tributário brasileiro, essa palavra é empregada com outros contornos semânticos.

O exemplo ilustra bem as dificuldades que conceitos não rigorosamente definidos apresentam para realizar a subsunção. Para conhecer a extensão dos conceitos utilizados construindo uma definição deles, como fez Aires Fernandino

---

57. CARVALHO, Paulo de Barros. *Direito Tributário Linguagem e Método*. 5ª ed. São Paulo: Noeses, 2013. p. 469.

58. Art. 1º O Imposto Sobre Serviços de Qualquer Natureza, de competência dos Municípios e do Distrito Federal, tem como fato gerador a prestação de serviços constantes da lista anexa, ainda que esses não se constituam como atividade preponderante do prestador.

59. BARRETO, Aires F. *Imposto sobre serviço de qualquer natureza*. Revista de Direito Tributário. ns. 29/30. p. 188.

Barreto com as noções de *prestar* e *serviço*, foi preciso fazer uma incursão nos dispositivos que definem conceitos de direito privado (*negócio jurídico, prestação, obrigação* e *serviço*) e outros tantos enunciados espalhados ao longo do ordenamento (como *capacidade contributiva*).

4.2.2 Critério espacial

Kant atribui ao *tempo* e o *espaço* a condição de categorias *a priori* da sensibilidade, são intuições que organizam a sensibilidade para que o homem possa atribuir ordem ao caos de sensações com que trava contato[60].

Com efeito, toda representação carece de ser ordenada no tempo e no espaço para que possa ser inteligível. Assim também o registro das condutas humanas deve estar circunscrito em condições de tempo e espaço para que possamos falar algo sobre elas. É disso que se ocupam os critérios espacial e temporal da regra-matriz de incidência tributária.

O critério espacial é definido por Paulo de Barros Carvalho como o intervalo espacial no qual se verifica a ocorrência do comportamento referido no critério material da regra-matriz de incidência tributária. Acrescenta que, muitas vezes o conteúdo a ser atribuído a esta variável da fórmula não vem inspirado por enunciados explícitos, advindo da interpretação sistemática de muitos deles, e ainda identifica três graus de elaboração do critério espacial, classificando-os segundo sua relação de abrangência para com a vigência espacial:

---

60. "O espaço não é um conceito empírico, extraído de experiências externas. Efetivamente, para que determinadas sensações sejam relacionadas com algo exterior a mim (isto é, com algo situado num outro lugar do espaço, diferente daquele em que me encontro) e igualmente para que se possa representar como exteriores [e a par] uma das outras, por conseguinte não só distintas, mas em distintos lugares, requer-se já o fundamento da noção de espaço. Logo, a representação do espaço não pode ser extraída pela experiência das relações dos fenômenos externos; pelo contrário, esta experiência externa só é possível, antes de mais nada, mediante essa representação" (KANT, Immanuel. *Crítica da Razão Pura*. Lisboa: Calouste-Gulbenkian. 1989. p.64.).

TRIBUTAR NA ERA DA TÉCNICA

a) hipótese cujo critério espacial faz menção a determinado local para a ocorrência do fato típico;

b) hipótese em que o critério espacial alude a áreas específicas, de tal sorte que o acontecimento apenas ocorrerá se dentro delas estiver geograficamente contido;

c) hipótese de critério espacial bem genérico, onde todo e qualquer fato, que suceda sob o manto da vigência territorial da lei instituidora, estará apto a desencadear seus efeitos peculiares.[61]

Essa a abrangência que o criador da teoria da regra-matriz de incidência tributária dá ao critério temporal. No entanto, como tais ideias se sujeitam ao processo de avaliação crítica em busca do aperfeiçoamento de sua precisão, submeti essa categoria a segundo exame, considerando seu uso na legislação, na jurisprudência e na doutrina, bem como seus fundamentos filosóficos, com vistas a aproximá-la das expectativas interpretativas daqueles que travam contato com a norma-padrão de incidência[62]. Em conclusão desse trabalho, registrei as seguintes proposições:

7. O critério espacial consiste na categoria de *lugar* e deve ser construído juntamente com a regra-matriz de incidência, fornecendo os elementos precisos para que o aplicador da norma saiba quais dados será necessário relatar na fixação do lugar de incidência do tributo.

8. O território corresponde à noção de *domínio espacial de vigência*, devendo guardar relação estreita com o lugar do tributo para que se possa dar a aplicação da norma jurídica tributária. Constrói-se seu sentido a partir das disposições que regulam a vigência dos enunciados empregados na construção da regra-matriz de incidência do tributo.[63]

---

61. CARVALHO, Paulo de Barros. *Curso de Direito Tributário*. São Paulo: Saraiva, 2017. p.282.

62. Foi este o trabalho que desenvolvi no ano de 2012 para obtenção do título de Mestre em Direito Tributário pela Pontifícia Universidade Católica de São Paulo. O texto, revisto e ampliado, foi publicado em 2014. (BRITTO, Lucas Galvão de. *O Lugar e o Tributo: Ensaio sobre competência e definição do critério espacial da regra-matriz de incidência tributária*. São Paulo: Noeses, 2014.)

63. *Op. Cit.* p.170.

Desse modo, a definição do critério espacial do ISS, por exemplo, não se contentaria com a enunciação "território do município", como na alternativa c do modelo exposto acima (este seria seu domínio espacial de vigência), mas deveria indicar: *estabelecimento prestador*[64], uma vez que este seria o marco espacial a ser registrado em termos denotativos pelo aplicador quando da construção da norma individual e concreta. Da mesma forma, na incidência do imposto sobre a renda, não nos depararíamos rigorosamente com uma tributação que tenha o território nacional ou até mesmo todo o mundo como seu critério espacial. Nesse tributo, a variável espacial será preenchida com as referências ao *local de residência* ou *localização da fonte pagadora*, bastando que seja feita a prova de que um desses itens se encontra dentro do domínio espacial de vigência para justificar a incidência do tributo.

Para dar seguimento à pesquisa, tomemos então a seguinte definição para o critério espacial: o feixe de enunciados que permite identificar qual, dentre os vários lugares em que se processam os movimentos característicos da conduta retratada no critério material, é apto para justificar a incidência.

4.2.3 Critério temporal

O critério temporal, por sua vez, será composto pelos enunciados que permitam identificar o preciso instante em que se dá por ocorrido o fato jurídico tributário. É imperioso notar a relevância da palavra *instante* na definição do critério temporal.

Todo fato, enquanto relato que é, realiza-se em um – e apenas um – instante. Quando este é apontado pela norma, ignora-se toda a duração socialmente registrável do acontecimento, importando apenas o momento selecionado pelo critério temporal, desprezando-se, para fins de incidência da norma, todos os demais, pretéritos ou futuros ao instante escolhido pela norma.

---

64. Supondo não se tratar no caso concreto de nenhuma das exceções dos incisos do art. 3º da Lei Complementar 116/2003.

Isso porque existem expressões na literatura e na legislação que trazem inconsistências no momento da aplicação das normas jurídicas, como acontece com a ideia de *"fato gerador pendente"* (art. 105, CTN) ou *"fato gerador complexivo"*. Tais noções foram duramente criticadas por Paulo de Barros Carvalho, nos seguintes termos:

> Nos chamados fatos geradores complexivos, se pudermos destrinçá-los em seus componentes fáticos, haveremos de concluir que nenhum deles, isoladamente, tem a virtude jurídica de fazer nascer a relação obrigacional tributária; nem metade de seus elementos; nem a maioria e, sequer, a totalidade menos um. O acontecimento só ganha proporção para gerar o efeito da prestação fiscal, mesmo que composto por mil outros fatores que se devam conjugar, no instante em que todos estiverem concretizados e relatados, na forma legalmente estipulada. Ora, isso acontece num determinado momento, num especial marco de tempo. Antes dele, nada de jurídico existe, em ordem ao nascimento da obrigação tributária. Só naquele átimo irromperá o vínculo jurídico que, pelo fenômeno da imputação normativa, o legislador associou ao acontecimento do suposto.[65]

A proposição destacada expõe atributo fundamental não apenas do critério temporal, mas de todos os critérios que compõem a regra-matriz de incidência tributária: apenas haverá a incidência quando o fato descrito na norma individual e concreta denote as propriedades estipuladas em todos os critérios da norma tributária.

Daí a conclusão de que, a despeito da complexidade temporal que o fenômeno da percussão fiscal (como o exemplo da renda, que se adquire ao longo de um intervalo de tempo, ou da propriedade, que se protrai indefinidamente), interessará à incidência apenas o instante apontado na lei, nada mais. O critério temporal, portanto, será formado pelos enunciados que permitam identificar esse instante em meio a uma cadeia de acontecimentos.

---

65. CARVALHO, Paulo de Barros. *Curso de Direito Tributário*. São Paulo: Saraiva, 2017. p.289.

4.2.4 Critério pessoal

O consequente da norma jurídica tributária [Cp (Sa . Sp) . Cq (bc . al)], é composto por dois critérios, um pessoal e outro quantitativo. Juntos eles permitem ao intérprete discernir no texto normativo os elementos constitutivos da obrigação tributária: os sujeitos ativo e passivo (critério pessoal), bem como a quantificação do tributo devido (critério quantitativo).

Por *sujeito ativo*, se compreende o titular do direito subjetivo de exigir a quantia. Conquanto muitas vezes a definição desse sujeito coincida com a titularidade da competência para instituir a norma de incidência, essa identidade é contingente e não necessária. Existem diversos casos de tributos instituídos pelo exercício da competência de um sujeito, mas cobrados por outras pessoas, como no fenômeno da parafiscalidade e em outras hipóteses que a Constituição ou a lei entregam aos Estados e Municípios a capacidade tributária ativa de tributos instituídos por leis federais[66].

Sujeito passivo deve ser identificado a partir dos enunciados que atribuam a uma pessoa o dever de adimplir com a obrigação tributária em função de ter praticado o fato descrito no antecedente normativo, isto é, determina o *contribuinte*[67].

---

66. A exemplo do que acontece com o ITR (art. 153, §4º, III, CF) e com o IR (art. 157, I, CF).

67. Faço notar aqui que a regra-matriz de incidência tributária somente deve registrar o contribuinte como sujeito passivo, nunca o responsável. Isso porque a responsabilidade é fenômeno conexo, porém diverso da incidência tributária, como reconhece o próprio art. 121, parágrafo único do CTN. Segundo esse dispositivo, contribuinte é aquele que tem relação pessoal e direta com o fato gerador, ao passo que responsável é aquele que, sem ter essa relação pessoal e direta, é apontado pela lei para responder pela obrigação. Ou seja, a condição que leva alguém a ser apontado como responsável é fato alheio ao fato gerador, não estando contemplado na hipótese da regra-matriz de incidência tributária, mas na hipótese de norma diversa, a norma de responsabilidade. A distinção é relevante, especialmente no que concerne à necessidade de constituição de prova de dois fatos jurídicos distintos (do fato "gerador do tributo" e o fato "gerador da responsabilidade").

4.2.5 Critério quantitativo

No desenho imposto pela Constituição aos tributos no ordenamento jurídico brasileiro, pode-se dizer que o critério quantitativo desempenha um importante papel na composição da norma de incidência tributária. No estabelecimento da base de cálculo e da alíquota, muitos primados se combinam para condicionar o exercício da competência legislativa, sendo possível perceber a influência de três deles com maior intensidade: (i) capacidade contributiva, (ii) vedação ao confisco e (iii) tipologia tributária.

Pela conjunção desses princípios, a base de cálculo assume especial posição no direito brasileiro, a ponto de alguns autores apontarem aí a estar o núcleo da norma tributária[68]. Segundo Paulo de Barros Carvalho, cabe-lhe desempenhar três funções: (i) *objetivar* a prática do fato descrito na hipótese tributária; (ii) *mensurar* a intensidade com que se o pratica; e (iii) *comparar-se* às prescrições que definem os critérios da hipótese seja para afirmá-los (quando estiverem ocultos), infirmá-los (quando dispuserem em sentido diverso) ou confirmá-los (quando houver coincidência)[69]. A essas funções, Geraldo Ataliba acrescenta uma *quarta*, derivada do princípio da tipologia tributária: ao lado do fato gerador, a base de cálculo constitui o *binômio constitucional tributário*, critério de reconhecimento e distinção dos vários tributos previstos na Constituição[70].

Sobre a alíquota, trata-se da estipulação de um multiplicador cuja função é transformar os dados objetivados pela base de cálculo numa expressão monetária que identifique o tributo devido. Conquanto sua forma mais usual seja um percentual, que ocorre quando a base de cálculo já se expressa

---

68. BECKER, Alfredo Augusto. *Teoria Geral do Direito Tributário*. São Paulo: Noeses, 2010. p. 281.

69. CARVALHO, Paulo de Barros. *Curso de Direito Tributário*. São Paulo: Saraiva, 2017. pp. 341-345.

70. ATALIBA, Geraldo. *Hipótese de incidência tributária*. São Paulo: Malheiros, 2010. p. 113.

em moeda, essa não é a única forma possível. Com efeito, existe na experiência jurídica brasileira alíquotas expressas em reais por metro cúbico de líquidos, reais por kilowatt/hora de energia consumida, metros quadrados de área construída, dentre outros. O importante é que da combinação de base de cálculo e alíquota resulte sempre uma expressão monetária, satisfazendo a definição de tributo firmada no art. 3º do CTN.

5. Fontes do Direito

Fontes do direito é outro capítulo bastante tradicional da teoria geral do direito cujas categorias foram objeto de ampla revisão no interior do Constructivismo Lógico-Semântico. Era preciso adequar a noção de fonte à premissa elementar dessa corrente: que o direito é linguagem.

Para poder bem desempenhar a tarefa, alguns termos oriundos do campo da linguística foram adaptados às peculiaridades do objeto jurídico (como *enunciação*, *enunciado*, e *dêitico*), outros foram criados (como *veículo introdutor* e *norma introduzida*), e certas expressões tradicionalmente utilizadas na literatura jurídica viram-se preteridas na descrição do fenômeno com vistas a evitar a confusão metodológica (é o caso da dicotomia *fonte formal* e *f. material*).

Por isso mesmo, parece ser oportuno elucidar o sentido que essas categorias assumem no texto que segue. Tarefa que farei apoiado nas construções de Paulo de Barros Carvalho[71] e, especialmente, nos textos de Tárek Moysés Moussallem[72] e Gabriel Ivo[73].

---

71. CARVALHO, Paulo de Barros. *Direito Tributário Linguagem e Método*. 5ª ed. São Paulo: Noeses, 2013.

72. MOUSSALLEM, Tárek Moysés. *Fontes do Direito Tributário*. São Paulo: Noeses, 2006.

73. IVO, Gabriel. *Norma Jurídica. Produção e Controle*. São Paulo: Noeses, 2006.

5.1 *Processo e produto*

A expressão "fonte do direito", nas acepções correntes entre os juristas, costuma designar tanto *a origem, os motivos* que inspiraram (*fontes materiais*) ou os *documentos normativos* que servem de substrato imediato para a interpretação do direito (*fontes formais*).

Seguindo o corte realizado de início para repelir os influxos de outras ciências sociais que prejudiquem a consistência das proposições conclusivas desta pesquisa, precisamos desde logo abrir mão de investigar as chamadas *fontes materiais*. Nos restringiremos às *fontes formais*, em aproximação que já vinha sendo proposta por vários autores clássicos de teoria do direito no Brasil, tal como Miguel Reale que, em em 1994, dizia:

> No meu entender, uma fonte de direito só pode ser formal, no sentido de que ela representa sempre uma estrutura normativa que processa e formaliza, conferindo-lhes validade objetiva, determinadas diretrizes de conduta (em se tratando de relações privadas) ou determinadas esferas de competência, em se tratando sobretudo de Direito Público.[74]

Pois bem, centrada a significação do termo "fontes" apenas no material objetivo do direito, isto é, em seus *textos*, a designação fonte apresenta o problema de ambiguidade processo/produto: refere-se tanto ao conjunto de atos que se deve pôr em marcha para dar origem aos textos normativos (o processo: enunciação), como aos próprios textos legislados (o produto: seus enunciados).

No estudo do direito, não é possível desprezar uma delas, pois ambas instâncias interessam ao fenômeno jurídico: compreendida como (i) *processo* tem cada uma de suas etapas regulada por normas jurídicas, assim como se percebe nos comandos constitucionais que orientam o processo legislativo, descrevendo minuciosamente os vários atos que devem ser

---

74. REALE, Miguel. *Fontes e Modelos do Direito*. São Paulo: Saraiva, 2010. p.2.

praticados pelos sujeitos competentes para produzir um documento no direito[75], sendo seu cumprimento objeto de controle pelas instâncias habilitadas pelo direito, produzindo *nulidades* quando não sejam bem observadas; entendida como referência aos (ii) *enunciados*, dá contornos objetivos às várias prescrições que se encaixarão no esquema sintático das normas jurídicas em sentido estrito, comparecendo como parâmetro objetivo para separar o *direito* do *não-direito*.

5.2 *Enunciação e recepção*

As categorias do Constructivismo Lógico-Semântico para estudar o tema fontes do direito orientam-se a partir da premissa de que o direito é texto prescritivo de condutas. Visto dessa maneira, o dado jurídico é manifestação de processo comunicativo e, como tal, também pode ser examinado com o auxílio de categorias das ciências da comunicação.

Nesse ponto, valho-me da enumeração dos seis[76] elementos integrantes de todo processo comunicativo, tal como delineados por Roman Jakobson. Para esse autor, toda comunicação transmite uma (1) *mensagem*, produzida por um (2) *emissor*, que se serve um (3) *código* para cifrar o conteúdo da mensagem em signos; esses símbolos serão vertidos em um suporte físico, que constitui um (4) *canal* de transmissão, apto a alcançar um ou mais (5) *destinatários*; ao receber a mensagem, o destinatário a decifra seguindo o código e fazendo referências ao (6) *contexto*, para (re)construir seu sentido[77]. Po-

---

75. Tácio Lacerda Gama chamará esse agir de *conduta nomogenética* (GAMA, Tácio Lacerda. *Competência Tributária. Fundamentos para uma teoria da nulidade*. São Paulo: Noeses, 2011).

76. Paulo de Barros Carvalho identifica, ainda, um sétimo elemento consistente na "conexão psicológica". No presente texto, preferi deixá-lo fora da exposição, pois não foi perceptível nenhum desdobramento para as conclusões do trabalho. (CARVALHO, Paulo de Barros. *Direito Tributário Linguagem e Método*. 5ª ed. São Paulo: Noeses, 2013. p.166).

77. JAKOBSON, Roman. *Linguística e comunicação*. São Paulo: Cultrix, 1991. p. 123.

deríamos representar o fenômeno na forma de um esquema gráfico da seguinte maneira:

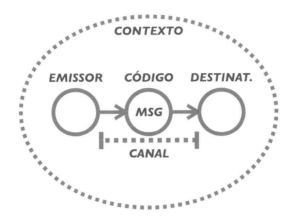

Fig. 1. Elementos da comunicação

Ocorre que o esquema ora traçado surpreende o fenômeno comunicacional em sua *estática*, quando todos os elementos da comunicação já foram estabelecidos com sucesso. Se quisermos atentar para a dinâmica desse fenômeno, a ênfase deve recair nas ações praticadas pelo *emissor* e pelo *receptor* da mensagem. São os atos de *enunciação* e *recepção*, representados no gráfico acima pelas setas que saem do emissor e chegam no destinatário da mensagem.

Enunciação é o nome dado ao esforço do emissor para expedir uma mensagem. Esse processo composto de várias operações psíquicas e físicas, que partem do domínio da intrasubjetividade (do plano das ideias) e avançam em direção ao domínio da intersubjetividade, nele adentrando pelo seu produto: os enunciados.

Dentre os enunciados integram os textos jurídicos, é possível divisar dois grupos: (i) a *enunciação-enunciada* e (ii) os *enunciados-enunciados*.

Os enunciados que integram a classe da *enunciação-enunciada* referem-se aos *dêiticos*[78]: os vestígios do processo enunciativo que permitem identificar quem foi o emissor da mensagem, quais condições espaço-temporais da enunciação, dentre outros elementos desse fenômeno. No direito, esses dados são relevantes para determinar a licitude do *procedimento* desempenhado e da *competência* (em seus aspectos pessoal, material, espacial e temporal).

Já os *enunciados-enunciados* dizem respeito à mensagem propriamente dita, o conteúdo que se pretendia comunicar por meio da enunciação. Seu correspondente no direito seria o teor da mensagem deôntica, prescrevendo os comportamentos que se espera dos destinatários da regra, corresponde ao chamado *direito material*.

Do outro lado do processo comunicativo fenômeno está o ato de *recepção*. Segundo Ugo Volli, é nele que se verifica o "ato decisivo da comunicação". Em suas palavras:

> Nessa atribuição de sentido encontra-se o ponto de partida do complicado processo de interpretação. Consequentemente, trata-se do ato decisivo da comunicação. Pode-se facilmente admitir, com efeito, que exista comunicação sem emissor, por exemplo, nos casos em que da leitura de um instrumento científico ou dos sintomas de uma doença ou de outros indícios, isto é, representações importantes do mundo, alguém extraia um sentido (exemplos clássicos são a fumaça para o fogo, a febre para a doença, a impressão digital para o assassino). Sem recepção, no entanto, não há comunicação eficaz – aliás, não existe de fato comunicação.[79]

Muito do que foi elaborado na literatura do Constructivismo Lógico-Semântico se refere ao ato de enunciação. Isso

---

78. Também referido nos dicionários como díctico: *"diz-se de ou cada um dos elementos indiciais da linguagem, que figuram lado a lado com as designações simbólicas ou conceituais; referem-se à situação em que o enunciado é produzido, ao momento da enunciação e aos atores do discurso <palavra d.> | <os d. atualizam os substantivos no discurso>"* (HOUAISS, Antonio. *Dicionário Eletrônico Houaiss*. Disponível em: <http://houaiss.uol.com.br>. Acesso em 02 dez. 2016.)

79. VOLLI, Ugo. *Manual de Semiótica*. São Paulo: Loyola, 2007. p.21.

não quer dizer que o fenômeno da recepção seja irrelavante para o direito. Muito ao contrário: tão indispensável é ele para o sucesso da comunicação jurídica que, ao lado de uma série de prescrições que disciplinam a interpretação dos textos normativos[80], o direito prescreve mecanismos que autorizam até mesmo pressupor a recepção quando esta não se manifeste num ato de fala do destinatário da mensagem[81].

5.3 *Veículo introdutor e norma introduzida*

Uma última nota deve ser acrescida a pequeno esse digesto de categorias para o estudo das fontes do direito, no interior do Constructivismo Lógico-Semântico. Ela diz respeito à distinção entre (i) veículo introdutor de normas e (ii) norma introduzida.

Vimos que a *enunciação-enunciada* registra o processo de enunciação desempenhado, permitindo inferir a partir de seus dêiticos as condições dessa enunciação: a autoridade competente, o procedimento desempenhado, as condições espaço-temporais de sua realização, etc. Todos esses dados se orientam no sentido de exprimir uma *norma jurídica em sentido estrito*, resultado da aplicação das normas que regulam a produção de textos jurídicos, como lembra Tárek Moysés Moussallem:

> Rememoremos que a norma sobre a produção jurídica descreve, em seu antecedente, um agente competente e o procedimento prescrito pelo ordenamento para a produção normativa e, em seu conseqüente, prescreve a obrigação de todos respeitarem as disposições inseridas, pelo próprio veículo introdutor, no sistema do direito positivo.

---

80. Como veremos com mais atenção no Capítulo 3.

81. No art. 3º da LINDB está previsto que "Ninguém se escusa de cumprir a lei, alegando que não a conhece.", pressupondo a recepção de todos os diplomas publicados pelos veículos oficiais. Trata-se de função análoga às desempenhadas nas "citações fíctas" do direito processual. Ver ainda ARAÚJO, Clarice von Oertzen de. *Semiótica Jurídica*. São Paulo: Quartier Latin, 2005. p.50.

> Assim, a norma denominada veículo introdutor é da espécie concreta e geral.
>
> Concreta, porque contém, no seu antecedente, um fato jurídico molecular (agente competente + procedimento, englobada a publicação) acontecido em determinado espaço e local, fruto da aplicação da norma sobre produção jurídica.
>
> Geral, porque, no seu conseqüente, estabelece uma relação jurídica que torna obrigatória a observação de seus dispositivos.[82]

Já as normas introduzidas são aquelas construídas pela articulação dos enunciados-enunciados, podendo assumir a forma de normas gerais e abstratas, gerais e concretas, individuais e abstratas ou individuais e concretas. Destinam-se a prescrever os comportamentos intersubjetivos que o direito pretende implementar.

A distinção é pertinente para o desenvolvimento desta pesquisa, pois, muitas vezes, o sentido deôntico completo de uma norma introduzida somente pode ser construído após incursões nos textos de distintos veículos introdutores. Com efeito, a hipótese que se submeterá à prova neste estudo consiste no uso de definições inseridas por um veículo introdutor especial (as resoluções de agências reguladoras), em concurso com os conceitos referidos nos enunciados em outros veículos introdutores (as leis que instituem tributos), para compreender o sentido completo das normas jurídicas tributárias.

---

82. MOUSSALLEM, Tárek Moysés. *Fontes do Direito Tributário*. São Paulo: Noeses, 2006.

CAPÍTULO 2
O PODER NORMATIVO DAS AGÊNCIAS REGULADORAS E A ATIVIDADE DE EXPEDIR DEFINIÇÕES TÉCNICAS

1. A INTERTEXTUALIDADE ENTRE AS DEFINIÇÕES TÉCNICAS E AS NORMAS JURÍDICAS EMANADAS PELAS AGÊNCIAS REGULADORAS

A criação de linguagens técnicas desempenha importante papel na construção de discursos precisos, que melhor se ordenem à consecução de uma determinada utilidade[83]. Para tanto, novos termos são cunhados e outros, já conhecidos da linguagem natural, passam a ser utilizados com acepções diferentes daquelas do uso rotineiro, dando origem a uma terminologia própria para cada setor técnico, formando os vários "jargões". Por isso mesmo, na terminologia jurídica, podemos falar de que

---

83. Reitero que o traço distintivo da linguagem técnica (em relação à vulgar, à científica e à filosófica) é o de voltar-se à consecução de uma utilidade prática, como fiz notar na Introdução deste escrito. Suas definições devem orientar-se também nesse sentido (Cf. CARVALHO, Paulo de Barros. *Derivação e Positivação no Direito Tributário*. v. III. São Paulo: Noeses, 2016. p.V).

um juiz é *incompetente*, sem ofendê-lo; da mesma forma, quando um médico ortopedista se refere a uma *fratura no rádio* não é do aparelho emissor ou receptor de ondas que ele fala.

Vimos ainda que essa terminologia especial se acerca das normas jurídicas com frequência e desde há muito participam decisivamente de seu processo de interpretação, fazendo com que as definições formuladas pelos órgãos tecnicamente especializados influenciem o próprio sentido que será dado às normas jurídicas pelas cortes e demais sujeitos competentes, ainda que pouca atenção tenha sido dispensada ao estudo desse caso de intertextualidade[84]. Como relata o belga Benoit Frydman:

> [...] o Direito não ignora completamente as outras normas e pode até ratificá-las ocasionalmente como forma auxiliar de normatividade, delegada e subordinada. Assim, o juiz, confrontado com uma questão de responsabilidade, por exemplo, em um litígio relativo à construção de um imóvel, poderia apreciar a demonstração de um erro de um arquiteto, do empreendedor ou de um dos grupos de trabalho, em referência ao respeito às "regras da arte", ou seja, a conformidade em relação às normas técnicas, examinada no âmbito de uma competência. Isto se aplicaria a quase todos os domínios do Direito para apreciar o respeito pelo profissional das "práticas corretas", inclusive em matéria médica ou, ainda, em prescrições de segurança, higiene ou de proteção ao meio ambiente.[85]

---

84. Dentre os poucos estudos que tangenciam o assunto, a maioria deles versa a respeito das normas técnicas de padrões internacionais de qualidade e os tratados de comércio exterior (e.g. sobre normas ISO e exigências aduaneiras e de vigilância sanitária como fatores de discriminação no comércio internacional junto à OMC ou à União Europeia, bem explorado em FRYDMAN, Benoit. *O Fim do Estado de Direito. Governar por standards e indicadores.* Trad. Mara Beatriz Krug. Porto Alegre: Livraria do Advogado, 2016. e também LESCANO, A. F. et TEUBNER, G. *"Regime-collisions: The Vain Search for Legal Unity in the Fragmentation of Global Law"* Chicago: Michigan Journal of International Law, vol. 25, 2004); sendo possível identificar, ainda, trabalhos que se ocupam de mostrar a influência das definições proferidas por organizações internacionais e não-governamentais na elaboração de normas jurídicas de segurança do trabalho, ambientais e até mesmo penais.

85. FRYDMAN, Benoit. *O Fim do Estado de Direito. Governar por standards e indicadores.* Trad. Mara Beatriz Krug. Porto Alegre: Livraria do Advogado, 2016. pp.20-21. Destaquei.

Há, no entanto, um subdomínio de normas jurídicas que é particularmente sensível[86] às definições técnicas, manejando com frequência enunciados dessa sorte em meio às suas prescrições. Trata-se daquilo que já se convencionou chamar de *direito regulador*[87]: o complexo de normas integrado pelas regras que (1) autorizam o funcionamento das agências reguladoras e (2) as disposições por elas produzidas para ordenar o setor que pretendem regular.

Sua relevância para um estudo da intertextualidade entre as definições técnicas e as normas jurídicas no direito brasileiro torna-se indisputável, dada a função de acoplamento[88] desempenhada por suas comunicações: porque são produzidas por órgão tecnicamente especializado, têm por base estudos técnico-científicos, usam seu léxico e se investem da precisão necessária à boa compreensão dos mecanismos próprios

---

86. As agências constituem importante ponto de *sensibilidade* do sistema jurídico para com os demais sistemas sociais (em especial o da ciência), pois é por meio de seus procedimentos que muitas das comunicações técnicas são percebidas e processadas pelo código jurídico. A expressão "sensível" é utilizada em compasso a teoria Luhmanniana e em linha com o que sugere Celso Fernandes Campilongo: "[...] *sem identificação e intensificação da sensibilidade dos mecanismos de acoplamento estrutural entre os sistemas jurídico, político e econômico, impossível que qualquer desses sistemas estabilize sua diferença e sua autonomia operativa diante do ambiente.*" (CAMPILONGO, Celso Fernandes. Serviço público e regulação sistêmica. In: *Direito e Diferenciação Social*. São Paulo: Saraiva, 2011. p.108).

87. A expressão aparece em alguns livros mais recentes sobre o assunto e dá origem a outros termos também utilizados para designar essa "nova feição" do Direito Administrativo, tais como "Poder Regulador", "Estado Regulador", "Direito das Agências Reguladoras", dentre outros.

88. Emprego aqui a noção tal como concebida na teoria de Niklas Luhmann para designar o ponto de contato de um sistema social com seu ambiente, reduzindo "a complexidade das informações que adentram no sistema, facilitando assim sua comunicação com o ambiente" (LUHMANN, Niklas. *O direito da sociedade*. Trad. Saulo Krieger. São Paulo: Martins Fontes, 2016. p.591). Reconheça-se, entretanto, que em sua obra específica sobre o assunto, Luhmann não identificou órgãos específicos como acoplamentos estruturais entre o direito e outros subsistemas sociais, limitando-se a tratar, sem se limitar a um ordenamento específico, da função da Constituição como acoplamento com o sistema político, da propriedade e do contrato, como acoplamentos com o sistema econômico, sendo que estes últimos também montam um "acoplamento frouxo (*loose coupling*)" entre os sistemas jurídico e econômico com o sistema da política (*Op. Cit.* p.628).

do setor regulado; por outro lado, porque são emanadas por *entidade legalmente habilitada* para tanto, suas regras recebem o timbre da juridicidade, satisfazendo as condições de pertinência ao ordenamento.

Sem a mediação das agências reguladoras, muitas das exigências técnicas não passariam de *irritações* do ambiente às quais o ordenamento jurídico reagiria com distintos graus de sensibilidade e, em algumas ocasiões, simplesmente ignorar-lhes-ia. É devido ao trabalho desempenhado no interior das agências, ao captar e fomentar essas comunicações externas ao sistema jurídico para processá-las de acordo com o *programa*[89] específico do ordenamento, que as normas emanadas por elas ganham especial relevância para o direito, servindo ao propósito de caracterizar as condutas praticadas pelo setor regulado como *lícitas* ou *ilícitas*.

Com efeito, analisadas as *mensagens* normativas pelos planos da semiótica, percebe-se que a diferença relevante entre uma norma técnica e outra jurídica não se dá no plano estrutural (lógico, sintático) ou mesmo no semântico: ela se estabelece no plano das *funções da linguagem*, no campo da *pragmática*. Enquanto uma opera a prescrição para fins de padronização técnica, em prol da objetividade científica, a outra o faz para prescrever condutas intersubjetivas com o auxílio do aparato estatal.

A oficialidade e o caráter coativo das normas emanadas pelas agências reguladoras derivam da circunstância de terem elas se originado de pessoa e procedimento legalmente *credenciados* pelo próprio ordenamento jurídico para tanto. É em função desse credenciamento – e nos limites dele – que as disposições emitidas pelas agências se inserem no quadro

---

89. Aqui também vale o esclarecimento do vocabulário Luhmanniano, os programas determinam uma "*semântica de critérios adicionais determina em que condições a classificação do valor positivo ou negativo se leva a cabo corretamente. Os programas são, portanto, regras de decisão que determinam os aspectos e em que ocasiões o sistema processa conhecimento*" (SILVA, Artur Stamford da. *10 Lições sobre Luhmann*. Petrópolis: Vozes, 2016. p.105).

das normas jurídicas. Por isso mesmo, será no estudo de seus contornos que haveremos de encontrar os pressupostos para tecer conclusões sobre a pertinência do uso das normas de direito regulatório na construção de sentido dos conceitos manejados pelas normas jurídicas tributárias em sentido estrito.

No presente capítulo, darei seguimento à delimitação do objeto, discriminando quais as agências estudadas nesta pesquisa. Em seguida, examinarei os pressupostos da competência normativa entregue a esses sujeitos, o chamado "poder normativo das agências reguladoras", com o propósito de melhor identificar seus limites nos domínios do direito positivo brasileiro. Tais observações permitir-nos-ão traçar proposições sobre como as definições feitas pelas agências reguladoras se relacionam com os conceitos empregados em normas de condutas construídas em outros subdomínios jurídicos.

2. DEFINIÇÃO DO CONCEITO "AGÊNCIAS REGULADORAS" E DELIMITAÇÃO DO OBJETO DA PESQUISA

O próximo passo na definição do objeto da pesquisa consiste na delimitação dos traços próprios desse instituto e de quais são as agências reguladoras no ordenamento jurídico brasileiro.

, A locução "agências reguladoras" ganhou especial destaque na doutrina administrativista a partir da segunda metade da década de 1990, quando várias entidades foram criadas para regulamentar a atuação das novas concessionárias de serviços públicos. Para esses novos sujeitos, foi adotado o nome "agência", inspirando-se em larga medida nas *commissions* e *agencies* norte-americanas. A primeira delas foi instituída pela Lei 9.427/96, que implementou a Agência Nacional de Energia Elétrica (ANEEL)[90], destinada ao controle dos

---

90. Antes disso, em 1995, foram produzidas as Emendas Constitucionais 8 e 9, que previam a existência de entes reguladores no mercado do petróleo e das telecomunicações. Tais sujeitos, ANP e ANATEL, somente foram criados pelas Leis 9.478 e

contratos de concessão referentes à produção, transmissão, distribuição e comercialização de energia elétrica, com o propósito de a harmonizar os interesses do Poder Público, usuários e concessionários[91].

Essas novas figuras recebem a condição de "autarquias sob regime especial" no direito positivo brasileiro, estando essa expressão presente nas leis que cuidam da instituição das agências[92] e havendo sobre isso um amplo consenso na doutrina. Enquanto *autarquias*, cabe-lhes executar:

> [...] serviços próprios do Estado, em condições idênticas às do Estado, com os mesmos privilégios da Administração-matriz e passíveis dos mesmos controles dos atos constitucionais, [com] maior flexibilidade de autuação com possibilidade de decisões rápidas e ações imediatas".[93]

A noção de *independência* vem atrelada ao étimo autarquia, desde sua etimologia[94] à definição que lhes dão

---

9.472, respectivamente, ambas em 1997. Vale notar que o termo "agência" não aparece no texto constitucional a não ser para designar as "agências financeiras de fomento" (arts. 165, §2º, e 52, do ADCT).

91. Art. 2º A Agência Nacional de Energia Elétrica - ANEEL tem por finalidade regular e fiscalizar a produção, transmissão, distribuição e comercialização de energia elétrica, em conformidade com as políticas e diretrizes do governo federal. Parágrafo único. (*Revogado pela Lei 10.848, de 15/3/2004*).

92. Exemplifico com o art. 1º da Lei 9.427/96: "Art. 1º É instituída a Agência Nacional de Energia Elétrica - ANEEL, autarquia sob regime especial, vinculada ao Ministério de Minas e Energia, com sede e foro no Distrito Federal e prazo de duração indeterminado."

93. MEIRELLES, Hely Lopes. *Direito Administrativo Brasileiro*. São Paulo: Malheiros, 2005. p. 348.

94. "gr. autarkhía,as no sentido de 'poder absoluto'; em dic. e no uso da língua, autarquia tem sido tomado tb. por autarcia, e este, com orig. no gr. autárkeia,as no sentido de 'qualidade ou estado de quem se basta a si mesmo ou faz alguma coisa por si mesmo, autossuficiência' (ligado à filosofia), vem ger. registrado como mera var. de autarquia; daí a ambiguidade do adj. autárquico, que abrange tanto a noção de autarquia + —ico quanto a noção que deveria ser de autárcico, ou seja, de autarcia + —ico; ver aut(o)- e -arquia; f.hist. 1913 autarchia, 1913 autarquia" (HOUAISS, Antonio. *Dicionário Eletrônico Houaiss*. Disponível em: "http://houaiss.uol.com.br". Acesso em 02.12.2016.).

dicionaristas jurídicos, como De Plácido e Silva[95], espelhando a previsão do art. 5º, I, do Decreto-Lei 200/67, que lhes atribui autonomia administrativa e financeira[96]. Ainda assim, trata-se de uma independência relativa, atingindo seu patrimônio e gestão, mas ainda subordinada ao Executivo, que nomeia seus dirigentes, e aos demais poderes, que exercem controle sobre suas contas (Legislativo) e atos (Judiciário).

É certo que a experiência jurídica brasileira é rica em exemplos de autarquias e sua criação se dá desde há muito. O traço distintivo das agências em relação às demais instituições autárquicas estaria na expressão "sob regime especial". Com essa locução faz-se referência a poderes atribuídos pelas leis instituidoras que lhes asseguram grau *ainda maior* de autonomia em relação ao Poder Executivo[97]. Essa distinção se manifesta em quatro eixos: (1) nas garantias atribuídas aos seus diretores; (2) na autonomia financeira, gerencial e orçamentária; (3) no predomínio das razões técnicas (apolíticas) em seus atos; e (4) na outorga de competência para que possam expedir normas[98].

---

95. "Palavra derivada do grego autos-arkhé, com a significação de autonomia, independência, foi trazido para linguagem jurídica, notadamente do Direito Administrativo, para designar toda organização que se gera pela vontade do Estado, mas a que se dá certa autonomia ou independência, organização esta que recebeu mais propriamente a denominação de autarquia administrativa" (PLÁCIDO E SILVA, Oscar Joseph de. *Vocabulário Jurídico*. Rio de Janeiro: Forense, 1999. p. 100.)

96. Art. 5º Para os fins desta lei, considera-se: I - Autarquia - o serviço autônomo, criado por lei, com personalidade jurídica, patrimônio e receita próprios, para executar atividades típicas da Administração Pública, que requeiram, para seu melhor funcionamento, gestão administrativa e financeira descentralizada.

97. TÁCITO, Caio. *Agências Reguladoras da Administração*. In: Revista de Direito Administrativo. n. 221. Rio de Janeiro. jul./set. 2000. p.4.

98. A enumeração é de Diogo de Figueiredo Moreira Neto (MOREIRA NETO, Diogo de Figueiredo. Natureza Jurídica. Competência Normativa. Limites de Atuação. In: *Revista de Direito Administrativo*. n. 215. jan/mar. 1999. p.73). A essa relação é comum ver o acréscimo de outro item, a "necessidade de aplicar sanções com rapidez, respondendo aos reclamos da população e às exigências do serviço." (AZEVEDO, Eurico de Andrade. Agências reguladoras. In: *Revista de Direito Administrativo*. n. 213. jul./set. 1998. Rio de Janeiro: 1998. p.142), que enfatiza a agência como instância no procedimento administrativo de fiscalização dos serviços públicos.

Duas dificuldades se impõem na delimitação da extensão desses poderes especiais: desde o ponto de vista da base empírica, as disposições legais de cada uma das agências não coincidem entre si; desde a perspectiva dogmática, as categorias manejadas pela doutrina para a compreensão do fenômeno passam por intensa variação entre os doutrinadores[99]. Como resultado, a própria delimitação do que vem a ser uma agência reguladora é objeto de controvérsia cujos debates distam do consenso, como registra Conrado Hübner Mendes[100].

2.1 *Antes de seguir, uma advertência quanto à abrangência do estudo*

Pois bem, a despeito de inexistir consenso sobre a definição de "agência reguladora" e também quanto a quais entes figurariam dentro desse conceito, é preciso avançar na delimitação da base empírica deste estudo. Desse modo, indicarei denotativamente as agências que estudarei para que seja possível formular conclusões com fundamento em base empírica bem demarcada.

Feitas essas considerações, a pesquisa se restringirá às definições expedidas por atos normativos das seguintes agências, todas elas pessoas ligadas à Administração Federal e instituídas por Leis publicadas entre os anos de 1996 e 2005:

---

99. Registro aqui a queixa de Maria Sylvia Di Pietro sobre esse assunto: "*A doutrina brasileira peca pela multiplicidade de opiniões doutrinárias, a ponto de poder-se afirmar, sem medo de estar muito longe da verdade, que não existem dois autores com posicionamentos muito próximos.*" (DI PIETRO, Maria Sylvia Zanella. *Limites da Função Reguladora das Agências diante do Princípio da Legalidade*. In: DI PIETRO, Maria Sylvia Zanella (Coord). Direito regulatório: temas polêmicos. Belo Horizonte, Fórum, 2004. p.41).

100. "O que ocorre neste debate incipiente, pois ainda não há sólida doutrina, quando do tratamento deste fenômeno por vezes chamado de "agencificiação", é a busca permanente por um conceito de agência reguladora (que o ordenamento positivo não dá), para que proporcione um maior conforto intelectual e facilite o raciocínio, sirva como uma ferramenta para separar o joio do trigo, a agência da não-agência"(MENDES, Conrado Hübner. Reforma do Estado e Agências Reguladoras: Estabelecendo os Parâmetros de Discussão. In: SUNDFELD, Carlos Ari (Org.). *Direito Administrativo Econômico*. São Paulo: Malheiros, 2002. p.138.).

TRIBUTAR NA ERA DA TÉCNICA

Agência	Ano de Criação	Lei instituidora
ANEEL	1996	Lei 9.427/96
ANATEL	1997	Lei 9.472/97
ANP	1997	Lei 9.478/97
ANVISA	1999	Lei 9.782/97
ANS	2000	Lei 9.961/2000
ANA	2000	Lei 9.984/2000
ANTT	2001	Lei 10.233/2001
ANTAQ	2001	Lei 10.233/2001
ANAC	2005	Lei 11.182/2005

Tabela 1. Relação de agências reguladoras pesquisadas.

O objeto de estudo será o uso de definições emitidas por essas agências[101] na interpretação de conceitos utilizados por normas jurídicas tributárias, seja no próprio trato legislativo, seja no processo de construção de sentido promovido pela administração ou pelas autoridades judiciais.

---

101. Assim limitado o objeto, é certo que diversas entidades cujo reconhecimento jurídico como agência reguladora é discutível ficarão fora do conjunto examinado. As mais significativas delas, para um exame de intertextualidade entre as normas técnicas e as do direito tributário parecem ser a Comissão de Valores Mobiliários (CVM), cujo reconhecimento como agência vem sendo apontado por estudiosos especialmente após as modificações feitas nas competências do órgão pela Lei 10.441/2002; o Comitê de Pronunciamentos Contábeis (CPC), que a despeito de ter seus pronunciamentos referidos nas reformas da Lei das Sociedades Anônimas, é entidade de direito privado; e o Conselho Monetário Nacional (CMN), entidade autárquica que tem poderes normativos expressivos sobre a circulação de moeda e movimento de divisas, mas que não é amplamente reconhecida como agência pela doutrina; e a Associação Brasileira de Normas Técnicas (ABNT) que, tal qual a International Standards Organization (ISO), produz um vasto número de regras técnicas amplamente reconhecidas, porém não é dotada da personalidade jurídica de direito público.
Isso não quer dizer que as proposições conclusivas deste trabalho não possam vir a ser afirmadas também a respeito das definições produzidas por esses sujeitos, significa apenas que, no trato acadêmico, tal esforço deverá ser precedido de experimento específico, examinando minuciosamente os documentos normativos produzidos sobre o tema.

3. DETERMINAÇÕES LEGAIS QUE INSTALAM O PODER REGULAMENTAR DAS AGÊNCIAS RE-GULADORAS

Como autarquias *"sob regime especial"* as agências regulado-ras foram dotadas de certas atribuições que se afiguram mais am-plas do que as autarquias comuns. Dentre todas as peculiarida-des dessas pessoas que são estudadas pelo direito administrativo, nossa atenção recairá com exclusividade sobre o poder normati-vo das agências reguladoras,[102] pois é justamente pelo exercício dessa competência que muitas definições técnicas adentram o ordenamento brasileiro, recebendo timbre da juridicidade.[103]

A esse propósito, se bem atinarmos para os diversos di-plomas que cuidam da instituição das agências reguladoras no Brasil, para além das disposições sobre sua estrutura e corpo di-retivo, perceberemos que a esses entes é conferido poder para expedir normas jurídicas[104], competência conferida nos termos de dispositivos como os do art. 19, incisos IV e X, da Lei 9.472/97, que atribuem à ANATEL[105] poderes para:

---

102. Caio Tácito anota que é precisamente essa característica que as discerne de outras autarquias especiais, chamadas de *"Agências Executivas"*, como é o caso do INMETRO. (TÁCITO, Caio. Agências Reguladoras da Administração. In: *Revista de Direito Administrativo*. n. 221. Rio de Janeiro. jul./set. 2000. p. 5).

103. É certo que as disposições técnicas, mesmo aquelas que não encontram correspondência direta em documentos normativos das agências reguladoras também podem influenciar a interpretação e aplicação dos textos jurídicos. Exemplifica-o a definição da unidade de medida de distância do sistema métrico, o metro, que é estipulado pelo *Bureau International de Poids et Mesures*, em Paris, e cuja aplicabilidade ao direito brasileiro é legalmente determinada desde 1862, no art. 3º da Lei Imperial 1.157. Sobre esse fenômeno, também chamado de "internor-matividade", remeto o leitor à obra de Benoit Frydman (*Op. Cit.* p.17).

104. São numerosos os escritos doutrinários sobre o tema, havendo posições opos-tas sobre a constitucionalidade dessas outorgas. Para os fins desse trabalho, no en-tanto, a discussão sobre a constitucionalidade dessas medidas tem cunho incidental e, por isso, adotarei o posicionamento firmado pelo Supremo Tribunal Federal no julgamento da ADI 1.668-5/DF (Rel. Min. Marco Aurélio. DJ 16.04.2004), que apon-tou a constitucionalidade da entrega de competência à ANATEL feita por meio da Lei Geral das Telecomunicações (Lei 9.472/97).

105. Já afirmei anteriormente que a primeira das agências reguladoras, ao menos se tomado o formato de "autarquia sob regime especial" com poderes normativos,

TRIBUTAR NA ERA DA TÉCNICA

> *Art. 19. À Agência compete adotar as medidas necessárias para o atendimento do interesse público e para o desenvolvimento das telecomunicações brasileiras, atuando com independência, imparcialidade, legalidade, impessoalidade e publicidade, e especialmente:*
>
> *[...]*
>
> *IV - expedir normas quanto à outorga, prestação e fruição dos serviços de telecomunicações no regime público;*
>
> *[...]*
>
> *X - expedir normas sobre prestação de serviços de telecomunicações no regime privado;*

A só leitura do dispositivo chama atenção para a *vagueza* dos termos utilizados para delimitar os limites materiais do exercício dessa competência de editar normas de alcance geral e abstrato. Seja pelas expressões que figuram no *caput*, como "interesse público" e "desenvolvimento das telecomunicações", seja pelo amplo leque de condutas que se quadrariam nos incisos mencionados, parece inescapável a conclusão de que existe margem muito extensa de poder conferido à ANATEL, havendo disposições similares nas leis que cuidam da instituição das demais agências reguladoras[106].

Se essa competência desempenha o papel de "porta de entrada" no ordenamento jurídico para as definições técnicas que pretendemos estudar, o exame dos contornos desse poder normativo apresenta suma relevância para afirmar ou infirmar

---

tal como reconhecido pelos administrativistas, foi a ANEEL, instituída pela Lei 9.427/96. A preferência, neste momento da exposição, pelos dispositivos da Lei 9.472/97 deu-se tão somente pela existência de significativo precedente judicial sobre o poder normativo das agências reguladoras (ADI 1.668-5/DF. Rel. Min. Marco Aurelio. DJ 16.04.2004), do qual tratarei com mais vagar adiante.

106. Limitando-me, nesta pesquisa às entidades arroladas no item 2.1 deste Capítulo, percebe-se que semelhantes atribuições são conferidas às outras agências, com poucas mudanças nas expressões empregadas pelo legislador. Confira-se os art. 3º, I, e 21, §§1º e 2º, da Lei 9.427/96 (ANEEL); art. 8º da Lei 9.478/99 (ANP); art. 7º, III e IV da Lei 9.782/99 (ANVISA); art. 4º II, III, VI, VII, IX, XII, XVI e XVIII da Lei 9.961/00 (ANS); art. 4º, II, da Lei 9.984/00 (ANA); art. 24, VI e XIV, e art. 27, IV e XIV, da Lei 10.233/01 (ANTT e ANTAQ); e art. 8º, IV, IX, X, XI, XII, XIII, XIX, XXI, XXIX, XXX, XXXII e XLVI, da Lei 11.182/05.

a hipótese traçada no começo deste trabalho. Interessa-nos, em especial, identificar as balizas impostas pelo ordenamento jurídico brasileiro[107] ao exercício dessa competência e, com isso, apontar os limites que circunscrevem (i) a extensão da matéria que poderá ser regulada e; (ii) o contexto dentro do qual tais regras podem ser invocadas para disciplinar condutas.

4. FUNDAMENTOS DA COMPETÊNCIA NORMATIVA DAS AGÊNCIAS REGULADORAS

Os dispositivos legais que atribuem competência normativa às agências, conquanto vagos em seu escopo, são muito explícitos ao dizer que seus atos devem ser considerados normas jurídicas, com abrangência ainda maior que as resoluções e outros atos que venham a ser expedidos por outras autarquias. É nisso, já vimos, que reside sua diferença específica.

Tal certeza já não se afigura no exame feito pela doutrina administrativista sobre a constitucionalidade e, até mesmo, da posição hierárquica que tais veículos introdutores ocupam no ordenamento brasileiro, sendo remota a possibilidade de encontrar consenso sobre essas matérias.

Por um lado, não é propósito desta pesquisa examinar todas as propostas já tecidas, apontando seus acertos, contradições e incoerências, ou mesmo propor um novo modelo interpretativo para a questão. Por outro, é certo que não se poderá avançar o estudo do uso de definições técnicas fixadas em normas jurídicas produzidas pelas agências se não tomarmos alguma posição quanto a: (i) constitucionalidade de sua estipulação; (ii) posição hierárquica que ocupam entre os veículos introdutores de normas previstos no ordenamento

---

107. Quero reforçar aqui a delimitação do objeto, insistindo que me limito a colocar sob foco temático o ordenamento *brasileiro*, abstendo-me de considerações de direito comparado, tão comuns nos escritos da doutrina administrativista sobre o assunto. As menções a ordenamentos alienígenas somente aparecerão neste texto em citações de trabalhos feitos por outros autores ou para ilustrar contrastes entre ordens externas e o sistema jurídico do Brasil.

jurídico brasileiro; (iii) quais os limites que esses documentos têm para definir conceitos previstos nas leis que os instituem; e (iv) qual a influência que as definições instaladas em normas emanadas pelas agências podem exercer na definição de conceitos manejados nos termos de outras leis, em particular as leis que cuidam da instituição de tributos.

Para bem desempenhar essa tarefa, partindo da afirmativa de que as Agências Reguladoras se inserem na estrutura administrativa do Poder Executivo, conformando órgãos especiais, convém iniciar o exame dos fundamentos de sua competência pelas previsões constitucionais atribuídas ao Poder Executivo para expedir normas jurídicas com abstração e generalidade. Identificaremos os veículos introdutores que a Carta lhe franqueia e os domínios dentro dos quais essa competência pode ser exercida.

Essa primeira aproximação deve ser sucedida por um resumo dos principais posicionamentos erigidos pela doutrina administrativista sobre o tema, apontando as consonâncias e divergências em relação às determinações do Texto Magno para melhor orientar a escolha dentre as várias propostas de categorias oferecidas pela dogmática para descrever o poder normativo das agências reguladoras.

Submeterei ainda essas aproximações ao crivo da experiência, tomando por paradigma o acórdão da Ação Direta de Inconstitucionalidade 1.668/DF, que cuidou da constitucionalidade dos dispositivos que atribuem poder normativo à ANATEL. Tomados esses cuidados, estaremos em boas condições para isolar o papel das definições expedidas pelas agências reguladoras e sua posição em meio às normas jurídicas brasileiras, dando seguimento ao teste da hipótese formulada no início do trabalho.

4.1 *Dispositivos constitucionais que tratam de competências normativas atribuídas ao Poder Executivo*

Como vimos, as agências reguladoras são *autarquias* sob regime especial. Ainda que tenham diversas peculiaridades que lhe atribuem maior independência em relação a outros órgãos e autoridades estatais, enquanto autarquias é certo que suas atividades se destinam a *execução de serviços públicos típicos*[108]. Não se trata de entidade legislativa, nem judicial, cuida-se de *longa manus* executiva do Poder Público e, por essa razão, os dispositivos constitucionais que fundamentam a validade de sua aptidão de produzir normas devem ser apurados a partir das competências do Poder Executivo.

Nesse sentido, destacam-se algumas disposições do texto Constitucional, a *primeira* delas é a do art. 84, incisos IV e VI:

> *Art. 84. Compete privativamente ao Presidente da República:*
>
> *[...]*
>
> *IV - sancionar, promulgar e fazer publicar as leis, bem como expedir decretos e regulamentos para sua fiel execução;*
>
> *[...]*
>
> *VI - dispor, mediante decreto, sobre:*
>
> *a) organização e funcionamento da administração federal, quando não implicar aumento de despesa nem criação ou extinção de órgãos públicos;*
>
> *b) extinção de funções ou cargos públicos, quando vagos;*

Com a expressão "expedir decretos e regulamentos para sua fiel execução", instalada no inciso IV, trata-se daquilo que se convencionou denominar "Poder regulamentar". Já a previsão do inciso VI limita a matéria a funcionamento da administração federal (alínea *a*) ou de funções e cargos em órgãos públicos (alínea *b*), colocando o Decreto presidencial como único veículo apto a desempenhar essas competências. Em

---

108. MEIRELLES, Hely Lopes. *Direito Administrativo*. São Paulo: Malheiros, 2005. p.337.

ambos os casos, importa notar no *caput* de que a atribuição ao órgão Presidente da República é feita em termos *privativos*[109] que, como explica José Afonso da Silva:

> O princípio é o de que, no sistema brasileiro, o poder regulamentar é de competência exclusiva do chefe do Poder Executivo. Autoridade alguma o poder substituir no exercício dessa competência que, por natureza, é indelegável.[110]

Dada característica da indelegabilidade, nenhuma das hipóteses acima se afigura como bom fundamento para justificar a competência normativa das agências reguladoras.

Uma *segunda* previsão de competência normativa geral e abstrata para órgãos do Poder Executivo estaria no art. 87, II, da Constituição, que atribui aos Ministros de Estado a competência para *"expedir instruções para a execução das leis, decretos e regulamentos"*. Também aqui não se cuida de potestade delegável a outras entidades da Administração e, da mesma forma que acontece com o Poder Regulamentar, há uma restrição quanto ao conteúdo regulado que se deve limitar à execução mesma das leis, subordinando-se, ainda, aos comandos dos veículos introdutores infralegais expedidos pelo Chefe do Executivo (decretos e regulamentos).

Uma *terceira* hipótese do exercício de competência normativa pelo Poder Executivo, que envolve poderes mais abrangentes que às duas primeiras é a Lei Delegada (art. 68, CF/88[111]), que mais uma vez prevê a titularidade de seu exercício exclusivamente pelo Presidente da República que deve, previamente, solicitar ao Congresso a delegação.

---

109. Pelo princípio da simetria, semelhante restrição ao Poder Regulamentar deve existir nas Constituições Estaduais no que se refere aos Decretos expedidos pelos Governadores (e somente por eles).

110. SILVA, José Afonso da. *Comentário Contextual à Constituição*. São Paulo: Malheiros, 2007. p.485.

111. Art. 68. As leis delegadas serão elaboradas pelo Presidente da República, que deverá solicitar a delegação ao Congresso Nacional.

Soma-se ainda uma *quarta* hipótese de competência normativa pelo Presidente da República que são as medidas provisórias (art. 62, CF/88[112]). De escopo amplo, tais veículos introdutores têm, durante sua vigência provisória, a mesma hierarquia das leis. No entanto, somente podem ser adotadas pelo Presidente em casos de urgência e relevância, carecendo de ulterior aprovação no Congresso Nacional para que possam ser convertidas em lei e ter sua vigência por prazo indeterminado. Também aqui não há espaço para a delegação da competência.

Essas quatro referências até aqui apresentadas permitem apor o rótulo de excepcional a autorização constitucional para o exercício da competência para instituir normas gerais e abstratas pelo Executivo. Com efeito, o art. 25, I, do ADCT previa a revogação[113] de todas as delegações normativas ao executivo ou seus órgãos.

Seja pela excepcionalidade quanto à matéria ou quanto à privatividade do órgão detentor da competência, nenhum dos dispositivos citados parece satisfazer a condição de fundamento para outorgar competência normativa às agências reguladoras.

4.1.1 O termo "regulação" como modalidade diferençada de competência normativa

Há, no entanto, três dispositivos constitucionais que parecem justificar a atuação normativa dessas entidades, em todos

---

112. Art. 62. Em caso de relevância e urgência, o Presidente da República poderá adotar medidas provisórias, com força de lei, devendo submetê-las de imediato ao Congresso Nacional. [...] §3º As medidas provisórias, ressalvado o disposto nos §§ 11 e 12 perderão eficácia, desde a edição, se não forem convertidas em lei no prazo de sessenta dias, prorrogável, nos termos do §7º, uma vez por igual período, devendo o Congresso Nacional disciplinar, por decreto legislativo, as relações jurídicas delas decorrentes.

113. Art. 25. Ficam revogados, a partir de cento e oitenta dias da promulgação da Constituição, sujeito este prazo a prorrogação por lei, todos os dispositivos legais que atribuam ou deleguem a órgão do Poder Executivo competência assinalada pela Constituição ao Congresso Nacional, especialmente no que tange a: I - ação normativa;
[...]

eles aparece uma palavra que seria denotativa de um terceiro gênero de competência para editar normas gerais e abstratas, colocando a *regulação* como entidade diversa do *poder regulamentar* (art. 84) e da *competência legislativa* (arts. 61, 62 e 67).

Regulação é figura que aparece, de forma genérica, no art. 174 da Constituição, que atribui ao Estado a função de *"regulador da atividade econômica"*[114] e de modo particular, após as Emendas Constitucionais 8 e 9, ambas de 1995, para tratar da previsão de "órgãos reguladores" do setores de telecomunicações (art. 21, IX[115]) e petróleo (art. 177, §2º, III[116]).

A despeito de somente existir previsão expressa para a criação de entidades de regulação nesses dois setores, as agências reguladoras proliferaram no ordenamento jurídico especialmente a partir da segunda década de 1990. Como anota Tercio Sampaio Ferraz Junior:

> Sem muita reflexão teórica, mas na esteira de uma fundamentação constitucional não muito consciente, elas começam a proliferar. [...] A noção de agente normativo e regulador parece dar supedâneo tanto à competência para baixar normas quanto para intervenções reguladoras no sentido de evitar distorções no comportamento do mercado por meio de imposições de ordem técnica (sobre a controvérsia a respeito da noção de regulação ver Vital Moreira: Auto-regulação profissional e administração pública, Coimbra, 1997, p. 34 e s.). No entanto, a criação de agências com atribuições técnicas, de suposta neutralidade política, mais voltadas para a eficiência das regulações e, necessariamente, independentes, com poderes quase legislativos: problema da

---

114. Art. 174. Como agente normativo e regulador da atividade econômica, o Estado exercerá, na forma da lei, as funções de fiscalização, incentivo e planejamento, sendo este determinante para o setor público e indicativo para o setor privado.

115. Art. 21. Compete à União: [...] XI - explorar, diretamente ou mediante autorização, concessão ou permissão, os serviços de telecomunicações, nos termos da lei, que disporá sobre a organização dos serviços, a criação de um órgão regulador e outros aspectos institucionais;

116. Art. 177. Constituem monopólio da União:
[...] § 2º A lei a que se refere o § 1º disporá sobre: [...] III - a estrutura e atribuições do órgão regulador do monopólio da União; (Incluído pela Emenda Constitucional 9, de 1995)

reserva de lei, quase regulamentares: problema da competência privativa do Presidente da República, e quase judiciais: problema dos limites do contencioso administrativo, esbarra em conhecidos óbices constitucionais, a começar do disposto no art. 25 do ADCT. Segue-se toda uma série de indicativos limitadores de uma atividade regulamentar autônoma, que pudesse ser atribuída às agências, mesmo quando criadas com base em sede constitucional, como é o caso da ANP e da ANATEL.[117]

Vale notar que nenhum dos dispositivos constitucionais até aqui citados expõe em claras linhas a previsão de competência normativa para que as agências possam expedir normas gerais e abstratas. Ante esse quadro, numerosas explicações foram construídas pela doutrina administrativista para justificar o poder normativo das agências e, até mesmo, para postular sua inadmissibilidade no ordenamento jurídico brasileiro.

4.2 *Justificativas apontadas pela doutrina administrativista para o poder normativo das agências reguladoras*

Na interpretação dos dispositivos constitucionais que servem de suporte para afirmar a existência de um "poder regulador" que encontraria expressão na competência normativa das agências reguladoras, a doutrina se desdobra em opiniões radicalmente opostas.

Para uns, como Maria Sylvia Di Pietro, o emprego de uma nova palavra no texto constitucional não muda a extensão da competência que pode ser constitucionalmente outorgada esses novos entes:

> Seja utilizando-se a terminologia tradicional do direito administrativo brasileiro, seja utilizando-se o vocábulo regulação, os limites da atividade, no que diz respeito ao estabelecimento de regras de conduta aos particulares, são exatamente os mesmos.[118]

---

117. FERRAZ JUNIOR, Tercio Sampaio. Como Regular Agências Reguladoras? In: *Revista Eletrônica de Direito Administrativo Econômico*. n. 17. fev/mar/abr de 2009. Salvador: IBDP, 2009. p.3.

118. DI PIETRO, Maria Sylvia Zanella. Limites da Função Reguladora das Agências

Para outros, como Diogo Figueiredo Moreira Neto, trata-se de instituto novo e que demanda atenção diferençada para compreender seus limites, que são distintos do poder regulamentar:

> [...] a regulação, como qualquer instituto novo, deve ser tratada com especial atenção exatamente em razão de suas características inovadoras, por serem presumidamente mas aptas para atingir as finalidades que lhes são adscritas do que as instituições já existentes, e não como se fora mais uma hipótese de regulamentação, que é instituto antigo e totalmente diverso, que, entre nós, é de restrita competência dos Chefes de Poder Executivo, exclusivamente para execução de leis e para dispor sobre organização administrativa federal.[119]

Fazendo um esforço para sintetizar os principais argumentos que atravessam esse amplo espectro de opiniões, é possível identificar três noções mais disseminadas sobre o fundamento da competência normativa das agências: (i) tratar-se-ia de *delegação de poder regulamentar* feita pela lei que institui cada uma das agências; (ii) cuidar-se-ia de hipótese de *deslegalização* no direito brasileiro; e (iii) as normas expedidas pelas agências se enquadram numa *concepção mais ampla de execução dos serviços públicos*. Circunscreverei o exame do momento a esses três modelos explicativos, excluindo do campo de apreciação as explicativas que se fundem em motivos extrajurídicos[120] ou da simples comparação com ordenamentos estrangeiros[121].

---

diante do Princípio da Legalidade. In: DI PIETRO, Maria Sylvia Zanella (Coord). *Direito regulatório: temas polêmicos*. Belo Horizonte, Fórum, 2004. p.28.

119. MOREIRA NETO, Diogo de Figueiredo. A regulação sob a perspectiva da nova hermenêutica. *Revista Eletrônica de Direito Administrativo*. Salvador. n. 12. nov./ dez./jan. 2008. Disponível em «https://is.gd/nZbrB6». pp.3-4.

120. Evito o apelo a imperativos sociais tecnológicos que imporiam a existência de um novo tipo de normatividade. Um tal conjunto de observações escapa o exame do direito positivo, devendo ser realizado por ciências afins ao fenômeno jurídico, como a sociologia jurídica ou a ciência política do direito.

121. São constantes, na doutrina a referência a "regulamentos autônomos", figuras com previsão na Constituição Francesa e na Italiana; à "sujeição especial" do direito alemão; e, em sua maior parte, às *agencies* e *commissions* do direito norte-americano. Para além de nenhum desses ordenamentos jurídicos estarem abrangidos no

4.2.1 Delegação

Para descrever a competência normativa atribuída às agências reguladoras, a expressão que desponta com maior frequência nas monografias, cursos e jurisprudência é *delegação*.

No contexto do direito público *delegação* designa um *"ato unilateral em virtude do qual uma autoridade pública, devidamente habilitada, transfere o exercício de uma parte de sua competência"*[122]. Nos termos da Constituição, como vimos, a delegação em favor do Poder Executivo é prevista nos termos do art. 68, pela figura da Lei Delegada. Esta seria a chamada delegação *própria*.

Ocorre que desde há muito os estudiosos do direito administrativo dizem ser possível a existência de outro tipo de delegação, uma delegação *imprópria*[123]. Tal mecanismo estaria fundado numa descentralização das atividades dentro do próprio Poder Executivo, como explica San Tiago Dantas:

> [...] o poder de baixar regulamentos, isto é, de estatuir normas jurídicas inferiores e subordinadas à lei, mas que nem por isso deixam de reger coercitivamente as relações sociais, é uma atribuição constitucional do Presidente da República, mas a própria lei pode conferi-la, em assuntos determinados, a um órgão da Administração pública ou a uma dessas entidades autônomas que são as autarquias.[124]

---

corte metodológico realizado nesse trabalho, é certo que tais sistemas possuem normas constitucionais que recortam o trabalho dos três poderes de modo muito distinto do que faz a Constituição Brasileira. A falta de cuidado com essas importações está por trás de muitas das inconsistências que os modelos da doutrina administrativista apresentam para com a redação do texto da CF.

122. ALLAND, Denis et RIALS, Stéphane. *Dicionário de Cultura Jurídica*. São Paulo: Martins Fontes, 2012. p.397.

123. Uma tal delegação é também chamada de lato sensu, instrumental ou inominada. (Cf. FERRAZ JUNIOR, Tercio Sampaio. *Agências Reguladoras: Legalidade e Constitucionalidade*. Revista Tributária e de Finanças Públicas. 35. São Paulo: RT, nov.-dez. 2000. pp. 147-8).

124. DANTAS, San Tiago. *Poder Regulamentar das Autarquias*, In: DANTAS, San Tiago. Problemas de Direito Positivo. Estudos e Pareceres. Rio de Janeiro: Forense, 1953. p. 205.

TRIBUTAR NA ERA DA TÉCNICA

Nesses termos, à diferença das delegações próprias, em que o Congresso Nacional delega a própria autoridade legislativa ao Presidente da República,[125] com as delegações impróprias a lei entrega ao delegatário uma extensão do poder regulamentar, isto é, do ofício de produzir expedientes normativos destinados a "dar fiel cumprimento" à Lei.

A primeira vista, uma tal solução se coaduna com o entendimento da maior parte da doutrina quanto aos limites do poder regulamentar, situando as normas expedidas pelas agências reguladoras numa posição de *complementariedade* e *subordinação* às normas legais, reproduzindo a máxima de que somente à lei cabe a *originalidade*[126] na previsão das condutas regradas e que ao regulamento cumpre somente *pormenorizar* os comandos já pré-existentes na lei.[127]

No entanto, afirmar que há condutas *originalmente* identificadas em expressões como as dos incisos IV e X, do art. 19, da Lei 9.472/97, e que, portanto, caberia à ANATEL apenas pormenorizá-las em vista de sua fiel execução, não parece ser algo que se possa concordar facilmente. A "pormenorização" das condutas abrangidas em "normas quanto à outorga, prestação e fruição dos serviços de telecomunicações no regime público" ou "normas sobre prestação de serviços de telecomunicações no regime privado" carece de um tanto de originalidade, demandando uma percepção mais ampla do que

---

125. "É evidente que a competência normativa resultante da delegação legislativa imprópria não se confunde com aquela inerente à delegação própria. Neste último caso, a autoridade delegada dispõe de poderes legiferantes de consistência equivalente àqueles reservados constitucionalmente ao Poder Legislativo. Mais precisamente, trata-se da mesma competência legiferante, que é parcial e limitadamente transferida para outra autoridade.
Já a delegação imprópria não atribui à autoridade administrativa poderes de natureza primária, equivalentes aos reservados constitucionalmente para o Poder Legislativo." (JUSTEN FILHO, Marçal. *O direito das Agências Reguladoras Independentes*. São Paulo: Dialética, 2002. p.513).

126. ATALIBA, Geraldo. *Ciência das Finanças, Direito Financeiro e Tributário* São Paulo: RT, 1969. p.117.

127. SILVA, José Afonso da. *Comentário Contextual à Constituição*. São Paulo: Malheiros, 2007. p.484.

seja o poder regulamentar. É sobre esse aspecto do poder regulamentar que Caio Tácito se dedica:

> [...] regulamentar não é só reproduzir analiticamente a lei, mas ampliá-la e complementá-la, segundo o seu espírito e conteúdo, sobretudo nos aspectos que a própria lei, explícita ou implicitamente, outorga à esfera regulamentar.[128]

Desse modo, o poder regulamentar envolveria sempre mais do que uma reprodução do texto legal, havendo sim espaço à inovação *desde que* os comandos inseridos por meio do regulamento se mostrassem de acordo com o "espírito" da Lei, isto é, o conjunto de princípios, objetivos e meios previstos em seu corpo. Essa orientação mais abrangente do poder regulamentar ecoa na jurisprudência do Supremo Tribunal Federal[129] e parece melhor se adaptar à vagueza dos termos das disposições que conferem poder normativo às agências reguladoras, marcadas pela "baixa densidade normativa" própria das *"lois-cadre"*[130], que carecem de complementação ativa regulamentar – definindo originariamente quais são as condutas que serão reguladas e suas consequências, uma vez que a lei não o faz – até mesmo para que possam ser implementadas.

Haveria, portanto, uma dependência *funcional* das normas das agências reguladoras e as disposições legais que as

---

128. TÁCITO, Caio. *Comissão de Valores Mobiliários. Poder Regulamentar*. In: TÁCITO, Caio. Temas de Direito Público. t.2. Rio de Janeiro: Renovar, 2002. p. 1.079.

129. Em suas razões de voto na ADI 561-8, o Min. Celso de Mello foi claro ao expor o argumento: "É preciso ter presente que, não obstante a função regulamentar efetivamente sofra os condicionamentos normativos impostos, *de modo imediato, pela lei, o Poder Executivo, ao desempenhar concretamente a sua competência regulamentar, não se reduz à condição de mero órgão de reprodução do conteúdo material do ato legislativo a que se vincula*". (STF. ADI 561-8. Rel. Min. Celso de Mello. Pleno. DJ 23.03.2001).

130. Tais leis, diz Alexandre Santos de Aragão, são marcadas por estipular "competências normativas calcadas em *standards*, ou seja, em palavras dotadas de baixa densidade normativa, às vezes meramente habilitadoras, devendo exercer estas competências na busca da realização das finalidades públicas – também genéricas – fixadas nas suas respectivas leis." (ARAGÃO, Alexandre. *Agências Reguladoras e a evolução do direito administrativo econômico*. 3ª ed. Rio de Janeiro: Forense, 2013. p.441).

TRIBUTAR NA ERA DA TÉCNICA

instituem. Essas leis, no entanto, não podem entregar livremente a competência normativa para as agências, devendo fornecer critérios para o controle das normas expedidas pelas agências, fixando ao menos uma *política setorial*, em vista da qual serão controlados os atos reguladores, como trata Tercio Sampaio Ferraz Junior:

> É preciso ficar suficientemente claro que o Congresso tenha assumido uma diretriz quanto a uma política setorial, e que os objetivos dessa política tenham sido discutidos em face de alternativas plausíveis. Não basta que a delegação tenha por objetivo fins genéricos do tipo interesse público (ainda que setorial), mas é preciso que as finalidades sejam postas na forma de princípios finalísticos de ação.[131]

Dessa maneira, o parâmetro para o controle do escopo desses atos normativos residiria nas *finalidades* fixadas legalmente: os objetivos que precisam ser alcançados por meio da regulação e os princípios que orientam a política setorial. Além disso, é indispensável que a lei circunscreva o setor dentro do qual essas normas seriam aplicáveis, não podendo a delegação de poder para as agências ser feita de modo *"genérico"*.

O cotejo com os dispositivos constitucionais de que tratamos no item precedente, no entanto, aponta algumas dificuldades para a fundamentação dessa ampliação dos limites ao poder regulamentar, seja quanto à pessoa que o exerce (que não mais se limitaria ao Chefe do Poder Executivo ou seus Ministros, nos termos dos arts. 84, IV e 87), seja no que concerne ao teor dessa regulamentação, que passa a abarcar um número indefinido de condutas possíveis para o alcançar os *fins* fixados na legislação.

Essas condições não passaram desapercebidas por Maria Sylvia Di Pietro, que retomando a definição do conceito de delegação, aponta falha crítica nesse raciocínio: não seria

---

131. FERRAZ JUNIOR, Tercio Sampaio. Como Regular Agências Reguladoras? In: *Revista Eletrônica de Direito Administrativo Econômico*. n. 17. fev/mar/abr de 2009. Salvador: IBDP, 2009. p.11.

possível a delegação legal do poder regulamentar, pois o Poder Legislativo, na condição de delegatário, *"não é titular do poder regulamentar. E ninguém pode outorgar poderes que não tem"*[132]. Não seria, portanto, sobre uma delegação[133] do poder regulamentar que se poderia fundar constitucionalmente o poder das agências reguladoras.

Diante da impossibilidade de quadrar a competência normativa das agências no domínio das normas legais ou mesmo nos contornos do poder regulamentar, a doutrina apontou para um terceiro tipo de normatividade: a *regulação*, que estaria prevista nos arts. 21, X, 177, §2º, I e 174 da Constituição. Diogo de Figueiredo Moreira Neto assim a posiciona:

> [...] a *norma reguladora*, no sistema constitucional brasileiro, do mesmo modo que nos sistemas comparados, *não compartilha da natureza da norma legal*, nem, tampouco, da norma regulamentar, pois se trata de um terceiro gênero de ação normativa, que, *distintamente daquelas formas impositivas puras*, visa, antes de tudo, e preferentemente, à harmonização consensual dos interesses e ao *equilíbrio* das relações intersetoriais.[134]

Para dar lastro constitucional a esse terceiro grupo de gênero de normas, duas propostas desfrutam de maior destaque em meio à doutrina administrativista brasileira: para uns estaríamos diante do fenômeno da *deslegalização*; para outros, o poder regulador estaria abrangido em um *conceito mais amplo de execução*, que já estaria abrangido nos poderes constitucionalmente conferidos à Administração Direta, estando a novidade das agências reguladoras apenas no uso

---

132. DI PIETRO, Maria Sylvia Zanella. Limites da Função Reguladora das Agências diante do Princípio da Legalidade. In: DI PIETRO, Maria Sylvia Zanella (Coord). *Direito regulatório: temas polêmicos*. Belo Horizonte, Fórum, 2004. p.44.

133. No mesmo sentido José Afonso da Silva diz: "[...] Outro limite é o de que a função regulamentar é de exclusiva competência do presidente da República. Como situar, então, a ação das agências reguladoras?"

134. MOREIRA NETO, Diogo de Figueiredo. *Direito regulatório: a alternativa participativa e flexível para a administração pública de relações setoriais complexas no estado democrático*. Rio de Janeiro: Renovar, 2003. p.181.

mais intenso, pela legislação instituidora, de *conceitos indeterminados* e *standards* para dirigir sua atuação. Vejamos com mais vagar esses modelos.

4.2.2 Deslegalização

Antes de seguir propriamente à definição do conceito *deslegalização* e indicar os dados sobre os quais a doutrina se apoia para reconhecer a existência desse instituto no direito brasileiro, convém traçar ainda algumas palavras a respeito da distinção entre regulação e regulamentação.

Mesmo autores mais resistentes à noção de "regulação" como uma modalidade autônoma, fazem notar que as agências instituem um *"novo tipo de direito"*[135]. Com efeito, as normas instituidoras das agências não cuidam de especificar as condutas que devem ser por elas regradas, vertendo seus comandos com termos que delimitam um *campo de aplicação* (um *setor* a ser regulado), *padrões* (*standards*), *indicadores* e *finalidades* (interesses, expectativas, objetivos) a serem atingidas. Com isso, instalam no ordenamento jurídico brasileiro situação bem diversa daquelas outras em que se franqueia ao Poder Executivo o exercício do poder regulamentar, por exemplo, ao instituir decretos para a execução de uma lei tributária, cuja matéria afeta a reserva legal pelo art. 150, I, da Carta, deve estar inteiramente prevista na lei. Muito mais aberto é o espaço deixado à atividade normativa da agência reguladora por dispositivos como os do art. 19, IV e X, da Lei 9.742/97.

Essa distinção evidencia duas formas de exercício do poder normativo: um que se volta à *implementação de finalidades legais* e outro que *complementa ou consolida o sentido*

---

135. Cito aqui Maria Sylvia Di Pietro: *"Ainda que se entenda que essas agências exercem poder regulamentar, essa função não se equipara à exercida pelo Chefe do Executivo, mas se apresenta como novo tipo de direito"* (DI PIETRO, Maria Sylvia Zanella. Limites da Função Reguladora das Agências diante do Princípio da Legalidade. In: DI PIETRO, Maria Sylvia Zanella (Coord). *Direito regulatório: temas polêmicos.* Belo Horizonte, Fórum, 2004. p.44. Sublinhei.)

condutas legalmente estabelecidas. É sobre essa diferença que se discerne a *regulação* da *regulamentação.*

A regulamentação seria a figura mais antiga, prevista desde há muito no direito positivo brasileiro e que corresponde ao segundo grupo de normas ora traçado. Seu propósito é *pormenorizar o sentido das disposições legais,* complementando-o, porém que lhe seja dado tratar deonticamente de outras condutas que não às da lei que regulamenta, como evidenciam os dispositivos constitucionais[136] e legais[137] que delas cuidam.

Desde há muito afirma-se que cabe ao regulamento apenas traduzir, adaptar, os comportamentos sociais às prescrições legais, como aponta Pontes de Miranda:

> Regulamentar é editar regras que se limitem a adaptar a atividade humana ao texto e não o texto à atividade humana. [...] Onde se estabelecem, alteram ou extinguem direitos não há regulamentos - há abuso do poder regulamentar, invasão da competência do Poder Legislativo. O regulamento não é mais do que auxiliar das leis, auxiliar que sói pretender não raro, o lugar delas, mas sem que possa, com tal desenvoltura, justificar-se e lograr que o elevem à categoria de lei. Quanto menos se regulamentar, melhor.[138]

---

136. A exemplo do art. 84, IV, que diz caber ao Presidente da República "sancionar, promulgar e fazer publicar as leis, bem como expedir decretos e regulamentos para sua fiel execução", exigindo a *fidelidade à lei,* como condição de validade do sentido desses decretos mesmo, devendo os atos que exorbitem esse poder serem sustados pelo Congresso na forma do art. 49, V, da Carta.

137. O CTN denomina *normas complementares* em seu art. 100: "Art. 100. São normas complementares das leis, dos tratados e das convenções internacionais e dos decretos:
I - os atos normativos expedidos pelas autoridades administrativas;
II - as decisões dos órgãos singulares ou coletivos de jurisdição administrativa, a que a lei atribua eficácia normativa;
III - as práticas reiteradamente observadas pelas autoridades administrativas;
IV - os convênios que entre si celebrem a União, os Estados, o Distrito Federal e os Municípios.
Parágrafo único. A observância das normas referidas neste artigo exclui a imposição de penalidades, a cobrança de juros de mora e a atualização do valor monetário da base de cálculo do tributo."

138. PONTES DE MIRANDA, Francisco Cavalcanti. *Comentários à Constituição de 1967.* São Paulo: RT, 1970. p.314.

Em outro texto digno de nota, San Tiago Dantas, assim expressou os limites ao exercício, enfatizando sua função de obediente complemento dos dispositivos legais:

> Sempre que um órgão administrativo, autárquico ou não, expede um regulamento sobre matéria já disciplinada em lei, depara-se-nos o problema da perfeita adequação do regulamento ao texto da lei. E isso porque, sendo o regulamento uma simples particularização ou desenvolvimento da lei, a cujo espírito deve incondicional obediência, será ilegal, e portanto inaplicável, a disposição regulamentar que se puser em oposição ao comando do legislador, seja por contradizê-lo, seja por alargar ou reduzir o âmbito de suas palavras.[139]

Ocorre que o pressuposto para a competência regulamentar possa cumprir sua função de esmiuçar os comandos legais é o de que a lei mesma que se pretende regulamentar disponha quais são os comportamentos por ela prescritos. Não é o que ocorre com as leis que instituem as agências reguladoras.

O exemplo do art. 19, IV e X, da Lei 9.472/97, bem mostra que os diplomas instituidores das agências reguladoras, ao instalar seu poder normativo não se apoiam numa relação pré--existente de condutas que devam ser particularizadas, pormenorizadas, esmiuçadas... enfim, regulamentadas. Muito ao contrário, nessas leis não se fala sobre quais sejam essas condutas. Seus enunciados montam cláusulas bem abertas para, com elas, traçar *indicadores* para que sejam observados, apontar *meios* que podem ser empregados pelas agências e delimitar as *finalidades* que devem ser atingidas pela regulação de um setor. A definição das condutas que serão reguladas é deixada para o exercício da competência para editar normas entregues às agências. É nessa característica que reside o traço diferencial do poder regulador e que, no entendimento de significativa parcela dos estudiosos, torna-lhe inaplicáveis as restrições de conteúdo que se impõem ao poder regulamentar[140].

---

139. DANTAS, San Tiago. *Problemas de Direito Positivo - Estudos e Pareceres*. Rio de Janeiro: Forense, 1953. p. 207.

140. MOREIRA NETO, Diogo de Figueiredo. A regulação sob a perspectiva da nova

Diogo de Figueiredo Moreira Neto procura submeter essa outorga de poder normativo aos critérios classificatórios traçados na doutrina administrativista espanhola por Eduardo García de Enterría[141], que divide as delegações legislativas em três espécies:

- *d. receptícia,* que outorga para um legatário o poder de editar normas com força de lei, porém com a finitude desse mandato, isto é, o exercício pelo outorgado exaure a própria delegação;

- *d. remissiva,* permite-se ao outorgado delimitar um conceito ou termo previamente estipulado na lei. Nessa modalidade, os comandos firmados pelo legatário *não podem inovar o ordenamento,* além disso, a competência delegada não se exaure com seu exercício, estando o sujeito outorgado credenciado a alterar ou revogar o teor da norma por ele exarada;

- *deslegalização,* que consistiria na "retirada, pelo próprio legislador, de certas matérias, do domínio da lei (*domaine de la loi*) passando-as ao domínio do regulamento (*domaine de l'ordonnance*)."[142]

Após examinar o modo como as leis criadoras das agências regulatórias brasileiras vinham atribuindo poderes normativos a esses sujeitos[143], o administrativista fluminense conclui que a experiência brasileira calha à perfeição na categoria da deslegalização:

---

hermenêutica. *Revista Eletrônica de Direito Administrativo.* Salvador. n. 12. nov./dez./jan. 2008. Disponível em «https://is.gd/nZbrB6». pp.3-4.

141. Apud. MOREIRA NETO, Diogo de Figueiredo. Natureza Jurídica. Competência Normativa. Limites de Atuação. In: *Revista de Direito Administrativo.* n. 215. jan/mar. 1999. pp. 76-78.

142. Op. Cit. p.77.

143. Nesse artigo o autor dedica-se a examinar com mais rigor a ANVISA, mas especificamente sobre o tema da deslegalização, faz remissões diretas à ANATEL e ANP e às Emendas Constitucionais 8 e 9.

> O poder normativo das Agências reguladoras se enquadra como uma variedade de delegação, denominada pela doutrina de deslegalização, em que o que se pretende é atender a necessidade de uma normatividade essencialmente técnica com um mínimo de influência político-administrativa do Estado em certos setores de prestação de bens e de serviços, públicos ou não.[144]

No mesmo sentido caminha Eros Roberto Grau, remetendo-se propriamente ao vocábulo "regulação":

> [...] a busca de mais sociedade e menos Estado' supõe a substituição da regulação estatal (= regulamentação) por regulações sociais. Aí a *deregulation* dos norte-americanos, que designamos mediante o uso do vocábulo "regulação".[145]

A característica própria do fenômeno da deslegalização é a transferência completa da matéria delegada para entidade diversa do Poder Legislativo, as "regulações sociais" a que se referiu Eros Grau. Nos domínios normativos deslegalizados, o Estado-legislador vê suprimida sua competência para editar normas, sendo ela entregue a outra entidade. Cria-se um domínio de condutas intersubjetivas sobre o qual não se pode legislar, no sentido próprio dessa palavra.

De fato, existem alguns conjuntos de condutas que são expressamente suprimidos do domínio da lei pelo texto constitucional, como acontece com os desportos[146], comunicação social[147] (art. 220, §1º, CF/88). Havendo ainda domínios que o

---

144. Op. Cit. p.82.

145. GRAU, Eros Roberto. *O Direito Posto e o Direito Pressuposto*. São Paulo: Malheiros, 1998. p. 93.

146. Assim dispõe o art. 217 da Constituição: "É dever do Estado fomentar práticas desportivas formais e não-formais, como direito de cada um, observados:
I - a autonomia das entidades desportivas dirigentes e associações, quanto a sua organização e funcionamento;
[...] § 1º O Poder Judiciário só admitirá ações relativas à disciplina e às competições desportivas após esgotarem-se as instâncias da justiça desportiva, regulada em lei."

147. Na linha do art. 220 e seu §1º da Carta de 1988: "A manifestação do pensamento, a criação, a expressão e a informação, sob qualquer forma, processo ou veículo não sofrerão qualquer restrição, observado o disposto nesta Constituição.

legislador expressamente entregou ao campo da autorregulamentação, como as matérias entregues aos Conselhos Profissionais, a partir da lei que os cria, quanto à qualificação necessária ao exercício dos ofícios por eles regulados, notadamente no estabelecimento de seus Códigos de Ética.[148]

As normas que cuidam da instituição das agências reguladoras, no que diz respeito à sua competência normativa podem ser abrangidas no âmbito da deslegalização porque não se encontram expressamente ressalvadas pela Constituição no domínio da Lei, diz Alexandre Santos de Aragão, apoiado nas mesmas lições de Enterría:

> [...] "não é uma lei de regulação material, não é uma norma diretamente aplicável como *norma agendi*, não é uma lei cujo conteúdo deva simplesmente ser completado; é uma lei que limita seus efeitos a abrir aos regulamentos a possibilidade de entrar em uma matéria até então regulada por lei", ressalvadas as matérias resguardadas por reserva absoluta de lei formal, como são, no Direito brasileiro, os tributos (art. 150, I, CF), os crimes (art. 5º, XXXIX, CF), a criação de entidades da Administração Indireta (art. 37, XIX, CF), os casos de contratações temporárias (art. 37, IX, CF), etc.[149]

Assim descritos, os termos abrem margem a uma interpretação de que, a essas entidades distintas do Poder Legislativo caber-lhes-ia regular qualquer conduta relacionada às situações objetivas e os sujeitos a elas atrelados. Tal leitura não parece se coadunar com os princípios que orientam a formação do Estado de Direito e implicaria afirmar a existência de um direito do Poder Legislativo renunciar inteiramente suas

---

§ 1º Nenhuma lei conterá dispositivo que possa constituir embaraço à plena liberdade de informação jornalística em qualquer veículo de comunicação social, observado o disposto no art. 5º, IV, V, X, XIII e XIV."

148. A exemplo do Código de Ética da Ordem dos Advogados do Brasil, cujo texto em vigor foi estabelecido pela Resolução 02/2015 do Conselho Federal da Ordem dos Advogados do Brasil.

149. ARAGÃO, Alexandre. *Agências Reguladoras e a evolução do direito administrativo econômico*. 3ª ed. Rio de Janeiro: Forense, 2013. p.452.

TRIBUTAR NA ERA DA TÉCNICA

competências legislativas nesses campos, dado que não se verifica na atual conformação do ordenamento jurídico brasileiro, como enunciam as exceções previstas nos dispositivos constitucionais[150] e nos entendimentos da doutrina[151].

4.2.3 Concepção ampla da atividade executiva

Uma terceira forma de interpretar o alcance da "regulação" prevista na Constituição é de nela reconhecer uma feição especial das atribuições da Administração. Nem se trataria de delegação do exercício do poder regulamentar, nem seria o

---

150. Exemplificam-no o §1º do art. 217 e os §§ 3º e 4º do art. 220. Seguem as transcrições, com as sublinhas:
"Art. 217. É dever do Estado fomentar práticas desportivas formais e não-formais, como direito de cada um, observados:
I - a autonomia das entidades desportivas dirigentes e associações, quanto a sua organização e funcionamento;
[...]
§ 1º O Poder Judiciário só admitirá ações relativas à disciplina e às competições desportivas após esgotarem-se as instâncias da justiça desportiva, regulada em lei."
"Art. 220. A manifestação do pensamento, a criação, a expressão e a informação, sob qualquer forma, processo ou veículo não sofrerão qualquer restrição, observado o disposto nesta Constituição.
§ 1º Nenhuma lei conterá dispositivo que possa constituir embaraço à plena liberdade de informação jornalística em qualquer veículo de comunicação social, observado o disposto no art. 5º, IV, V, X, XIII e XIV.
[...]
§ 3º Compete à lei federal:
I - regular as diversões e espetáculos públicos, cabendo ao Poder Público informar sobre a natureza deles, as faixas etárias a que não se recomendem, locais e horários em que sua apresentação se mostre inadequada;
II - estabelecer os meios legais que garantam à pessoa e à família a possibilidade de se defenderem de programas ou programações de rádio e televisão que contrariem o disposto no art. 221, bem como da propaganda de produtos, práticas e serviços que possam ser nocivos à saúde e ao meio ambiente.
§ 4º A propaganda comercial de tabaco, bebidas alcoólicas, agrotóxicos, medicamentos e terapias estará sujeita a restrições legais, nos termos do inciso II do parágrafo anterior, e conterá, sempre que necessário, advertência sobre os malefícios decorrentes de seu uso."

151. "A concepção da deslegalização ou delegificação não se afigura como aplicável ao Direito brasileiro. Ao menos, não há cabimento de produzir a transferência de competência reservada constitucionalmente ao Legislativo para o Executivo." (JUSTEN FILHO, Marçal. O direito das Agências Reguladoras Independentes. São Paulo: Dialética, 2002. p.495).

caso de deslegalização, consideradas as restrições que o ordenamento jurídico brasileiro coloca a esses expedientes.

Por esse prisma, a competência dada às agências justificar-se-ia pela necessidade de descentralização das atividades da administração, mormente de seus aspectos técnicos[152], que careceriam de juízos diferençados em relação àqueles que tradicionalmente expedem as autoridades administrativas. Nessa toada, diz-se que normas emitidas pelas agências destinam-se a *instrumentar* a realização dos fins elencados nas legislações que as instituem e a competência normativa a elas atribuídas surge como expressão do princípio da eficiência administrativa[153], ganhando a feição de uma delegação *instrumental*, distinta do poder regulamentar e do legislativo. Como explica Tercio Sampaio Ferraz Junior, a noção de *regulação* carrega:

> [...] a possibilidade de que uma delegação (instrumental) venha a inserir-se na competência do Estado como agente normativo e regulador da atividade econômica, basicamente nas funções de fiscalização e incentivo, ambas em termos do princípio da eficiência. Ou seja, o princípio da eficiência exige que a Administração, em vista do mercado, seja dotada de competências reguladoras de natureza técnica e especializada sob pena de paralisia. Isto é, é impossível exigir-se eficiência da Administração sem dar-lhe competência para alocar fins específicos e encontrar meios correspondentes. A especialização técnica é exigência da eficiência.[154]

Assim considerado, a atividade reguladora justificar-se-ia pela necessidade de outorgar à esses novos sujeitos da

---

152. "A necessidade de descentralização normativa, principalmente de natureza técnica, é a razão de ser das entidades reguladoras independentes, ao que podemos acrescer o fato de a competência normativa, abstrata ou concreta, integrar o próprio conceito de regulação." (ARAGÃO, Alexandre. *Agências Reguladoras e a evolução do direito administrativo econômico*. 3ª ed. Rio de Janeiro: Forense, 2013. P.414).

153. REALE JÚNIOR, Miguel. Reserva de Lei e Poder Regulamentar das Agências Reguladoras. In: ADEODATO, J. M. E BITTAR, E. C. B. (Orgs.) *Filosofia e Teoria Geral do Direito. Homenagem a Tercio Sampaio Ferraz Junior*. São Paulo: Quartier Latin, 2011. p.892.

154. FERRAZ JUNIOR, Tercio Sampaio. Como Regular Agências Reguladoras? In: *Revista Eletrônica de Direito Administrativo Econômico*. n. 17. fev/mar/abr de 2009. Salvador: IBDP, 2009. p.10.

administração indireta *meios* para que ela alcance os *fins* estipulados na lei, com medidas dotadas de eficácia e efetividade, como aponta Floriano Marques Neto:

> Se é bem verdade que a atividade regulatória não pode prescindir de uma forte e bem articulada base legal, certo também é a impossibilidade de que todo o arcabouço regulatório seja editado pelo Parlamento. A especialidade, a complexidade, a multiplicidade e a velocidade de surgimento das questões regulatórias determinam a necessidade de que parcela significativa da regulação estatal seja delegada ao órgão regulador. Até porque nestes espaços se torna possível (mediante os instrumentos de mediação e interlocução internos ao *locus* regulatório) a produção de regras, instrumentos e decisões com muito maior probabilidade de operacionalização (eficácia) e de implementação (efetividade). Daí porque é recorrente a discussão em torno da violação ou não dos limites legais na atividade dos órgãos reguladores.[155]

Esses instrumentos dariam corpo a uma *concepção ampla de execução*, alinhada com os termos que a legislação instituidora das agências utilizou para descrever suas atribuições, como explica Alexandre Santos de Aragão:

> [...] um conceito amplo de "execução", consistente no desenvolvimento de normas preestabelecidas, pelo qual os regulamentos das agências reguladoras acima analisados, calcados em *standards*, serão "de execução" [...] o que temos na realidade, é a execução pela Administração Pública da Lei, que, contudo, deixou de estabelecer maiores detalhamentos quanto à matéria legislada, fixando apenas *standards* e finalidades gerais. Não é o fato de a Lei ter optado por adotar conceitos mais ou menos abstratos que a caracteriza como uma impensável delegação de poder legislativo, com o que toda outorga de poder regulamentar à Administração Pública consistiria em uma delegação.[156]

---

155. MARQUES NETO, Floriano. A nova regulação estatal e as agências independentes. In: SUNDFELD, Carlos Ari (Org.). *Direito Administrativo Econômico*. São Paulo: Malheiros, 2002. p.82.

156. ARAGÃO, Alexandre. *Agências Reguladoras e a evolução do direito administrativo econômico*. 3ª ed. Rio de Janeiro: Forense, 2013. p.444.

LUCAS GALVÃO DE BRITTO

Nesses termos, o poder normativo das agências reguladoras encontraria fundamento na necessidade de *implementação* dos comandos das leis que instituem as agências, com o propósito de lhes dar operatividade. Dessa maneira, cada agência somente pode emitir normas para regular um setor, *desde que* as determinações por elas expedidas se coadunem aos propósitos elencados na própria lei que a instituiu.

No amplo espaço deixado nas leis instituidoras pela enunciação de *standards* e *finalidades genéricas*, mais precisamente no silêncio sobre quais seriam condutas intersubjetivas a ser efetivamente reguladas, estaria incutida a autorização para que as disposições normativas editadas pelas agências inovassem com vistas a consecução dos propósitos legalmente elencados. Dessa maneira, a ideia de execução

> [...] pode ser interpretada como aquela que assegura a realização da finalidade buscada pelo Direito, mesmo que isso não signifique a mera repetição dos termos da regulação legislativa. Assegurar a fiel execução da lei propicia, por isso, a adoção de determinações que, respeitando o espírito ou a finalidade da lei, configurem inovação à disciplina por ela adotada.[157]

Ainda aqui a doutrina parece claudicar no que diz respeito à fundamentação das categorias. São constantes as referências à noção de "fiel execução", utilizada no art. 84, IV, da Constituição, que, como já vimos trata do poder dado ao Presidente da República, em caráter indelegável, para exercer o poder regulamentar, colocando razoável dúvida sobre a higidez do argumento de que *regulação* (feita pelas agências) e *regulamentação* (feita pelo Presidente da República) são instâncias materialmente distintas.

Por isso mesmo, parece ser oportuno não perder de vista as advertências feitas por Maria Sylvia Di Pietro quanto à relação das normas emitidas pelas agências reguladoras para com as demais disposições do legais e regulamentares:

---

157. JUSTEN FILHO, Marçal. *O direito das Agências Reguladoras Independentes.* São Paulo: Dialética, 2002. p.510.

A questão dos limites em nada se altera pela substituição da terminologia tradicional do direito administrativo brasileiro por outra importada do direito norte-americano. Sejam órgãos, autarquias ou agências, a atividade regulatória não muda a sua natureza e não se alteram os seus limites [...] Mesmo as agências reguladoras das telecomunicações e do petróleo, previstas na Constituição como órgãos reguladores, ao baixar normas voltadas à "regulação" dos setores que lhes estão afetos, têm que observar a hierarquia das normas, inclusive a superioridade das normas regulamentares baixadas pelo Chefe do Poder Executivo, titular único da função. Ainda que se entenda que essas agências exercem poder regulamentar, essa função não se equipara à exercida pelo Chefe do Executivo.[158]

Como se percebe da exposição feita até aqui, há um ingente esforço da doutrina para justificar o poder normativo das agências reguladoras. Esforço que, como anotou Tercio Sampaio Ferraz Junior, muitas vezes é construído sem *"muita reflexão teórica, mas na esteira de uma fundamentação constitucional não muito consciente"*[159], recorrendo frequentemente ao sabor estrangeirismos ou ao só argumento da força das novas instituições ou da necessidade de aprofundamento técnico, que justificariam uma atualização de nossos entendimentos sobre a tripartição de poderes ou da divisão de competências normativas.[160]

No entanto, para dar seguimento à investigação da hipótese formulada inicialmente neste trabalho é preciso firmar uma premissa quanto ao poder normativo das agências

---

158. DI PIETRO, Maria Sylvia Zanella. Limites da Função Reguladora das Agências diante do Princípio da Legalidade. In: DI PIETRO, Maria Sylvia Zanella (Coord). *Direito regulatório: temas polêmicos*. Belo Horizonte, Fórum, 2004. p.44.

159. FERRAZ JUNIOR, Tercio Sampaio. Como Regular Agências Reguladoras? In: *Revista Eletrônica de Direito Administrativo Econômico*. n. 17. fev/mar/abr de 2009. Salvador: IBDP, 2009. p.3.

160. Oportuna a crítica feita por Marçal Justen Filho: "Seria possível afastar (ou substituir) as soluções consagradas formalmente em uma ordem constitucional mercê da invocação da nova ordem mundial? A resposta apenas pode ser negativa. Até porque outra resposta acarretaria o reconhecimento da extinção definitiva do princípio da identidade nacional e da soberania popular." (JUSTEN FILHO, Marçal. *O direito das Agências Reguladoras Independentes*. São Paulo: Dialética, 2002. p.499).

reguladoras. Para que seja possível superar com alguma objetividade esse emaranhado conceptual instalado pela doutrina administrativista, situando melhor as normas emitidas pelas agências reguladoras na ordem constitucional brasileira, parece ser propício submeter os entendimentos da doutrina ao crivo da experiência judicial brasileira, que apresenta um caso muito significativo para tratar do poder normativo das agências: a Ação Direta de Inconstitucionalidade 1.668-5/DF.

4.3 Constitucionalidade e extensão do poder normativo das agências reguladoras na experiência do STF

Pois bem, como vimos, há pouco consenso em meio a doutrina sobre a constitucionalidade e os termos em que pode ser exercido o poder normativo das agências reguladoras. Felizmente, para que possamos ainda assim firmar algum entendimento sobre o assunto e dar seguimento à pesquisa, o assunto já foi levado à apreciação do Supremo Tribunal Federal que decidiu pela constitucionalidade de tal outorga[161]. No acórdão, aquela corte traçou ainda importantes linhas a respeito da extensão dessa competência e da relação entre as disposições legais e os comandos instituídos pelas agências reguladoras, que merecem nossa especial atenção.

A demanda levada ao Tribunal versava sobre as atribuições dadas pela Lei 9.472/97 à ANATEL. Foi objeto de deliberação a constitucionalidade de vários dispositivos da Lei[162], no entanto, para os fins da presente pesquisa, concentrar-nos-emos nas conclusões do Tribunal a respeito apenas da constitucionalidade dos incisos IV e X do art. 19, que cuidam especificamente do poder normativo atribuído à ANATEL.

---

161. ADI 1.668-5/DF. Rel. Min. Marco Aurelio. DJ 16.04.2004.

162. Passo a enumerá-los: arts. 8º, 9º, 18, incisos I, II e III, 19, incisos IV, X, XV, art. 22, inciso II, 54, parágrafo único, 55, 56, 57, 58, 59, 65, inciso III, §§1º e 2º, 69, 89, incisos I a X, 91, §§ 1º, 2º e 3º, 119 e 210.

Nessa ocasião, a Corte determinou que a competência do órgão deve se limitar a matérias de cunho técnico-administrativo, aproximando-se daquela concepção ampla de execução dos serviços públicos, conforme explicitado no voto do Relator:

> As longas razões veiculadas na inicial estão restritas ao desenvolvimento do tema de que trata o inciso XV do artigo 19. Talvez mesmo esse aspecto seja decorrente do fato de os incisos IV a X estarem ligados a questões simplesmente administrativas da prestação dos serviços de telecomunicações no regime público e no regime privado, valendo notar que se presume que os preceitos a serem expedidos observem o que já se contém no arcabouço normativo sob pena, aí sim, de extravasamento, a resolver-se no campo da legalidade.
>
> [...]
>
> Relativamente aos incisos IV e X, empresto a eles interpretação conforme à Carta da República, ou seja, a atuação da Agência há de fazer-se de acordo com as normas de âmbito legal e regulamentar da agência.

As razões do relator foram acolhidas pela maioria do Tribunal, especialmente após os acréscimos suscitados pelo Min. Sepúlveda Pertence, enfatizando o caráter subordinado à lei e, também, aos atos regulamentares expedidos pelo Chefe do Executivo. Passo a transcrever suas razões:

> Peço vênia ao eminente Relator, com relação aos incisos IV e X, para propor interpretação conforme. Estou de acordo com S. Exa., em que nada impede que a Agência tenha funções normativas, desde, porém, que absolutamente subordinadas à legislação, e, eventualmente às normas de segundo grau, de caráter regulamentar, que o Presidente da República entenda baixar.
>
> Assim, de acordo com o início do voto de S. Exa., entendo que nada pode subtrair da responsabilidade do agente político, que é o Chefe do Poder Executivo, a ampla competência reguladora da lei das telecomunicações.
>
> Dou interpretação conforme para enfatizar que os incisos IV e X referem-se a normas subordinadas à lei e, se for o caso, aos regulamentos do Poder Executivo.

> [...] pode parecer uma interpretação óbvia, como outras que temos dado. O dispositivo fala numa experiência nova de Agência reguladora independente ou pára-idependente ou, pelo menos, de regime especial; fala em normas próprias que podem tanto ser de especificação do sistema legal em relação ao seu objeto próprio – telecomunicações e todo esse mundo de serviços postos sob a disciplina dessa Agência –, mas, também, normas que excepcionem no sistema legal. Julgo prudente dizer que é no primeiro sentido que se podem expedir essas normas sub-regulamentares.

Percebe-se o cuidado de condicionar a constitucionalidade de tais normas a que elas se subordinem à legislação e até mesmo aos regulamentos editados pela Presidência da República, além de limitar seu escopo ao setor efetivamente regulado, como se fez notar na proclamação do resultado final:

> a) quanto aos incisos IV e X, do art. 19, sem redução de texto, dar-lhes interpretação conforme à Constituição Federal, com o objetivo de fixar exegese segundo a qual a competência da Agência Nacional de Telecomunicações para expedir normas subordinadas aos preceitos legais e regulamentares que regem a outorga, prestação e fruição dos serviços de telecomunicações no regime público e no regime privado, vencido o Ministro Moreira Alves, que o indeferia;

Vê-se em claras linhas que dois condicionantes cooperam para assegurar a legitimidade das normas emendas pelas agências reguladoras: (i) *quanto à posição hierárquica*, é indispensável que estas se subordinem às disposições legais (e também aos Decretos emanados pelo chefe do Poder Executivo); e (ii) *quanto à matéria regulada,* essas normas somente poderão ser exaradas se dispuserem sobre aspectos técnico-administrativos relevantes ao setor regulado.

Será a partir dos termos dessa decisão que trataremos a competência das agências reguladoras para editar normas e, mais especificamente, de compreender o alcance que as definições ali estabelecidas podem assumir na interpretação da legislação tributária.

TRIBUTAR NA ERA DA TÉCNICA

4.4 *Posicionamento adotado neste trabalho*

Feitas as considerações sobre os principais entendimentos firmados pela doutrina administrativista e observados os termos da decisão do Supremo Tribunal Federal sobre a constitucionalidade dos poderes normativos atribuídos à ANATEL, já estamos em boas condições para firmar alguns posicionamentos sobre os atos normativos expedidos pelas agências reguladoras.

Retomando a enumeração feita no princípio desse capítulo, com os pontos sobre os quais é preciso firmar algum posicionamento sobre o poder normativo das agências reguladoras, temos: (i) constitucionalidade de sua estipulação; (ii) posição hierárquica que ocupam entre os veículos introdutores de normas previstos no ordenamento jurídico brasileiro; (iii) limites que esses documentos têm para definir conceitos previstos nas leis que os instituem; e (iv) qual a influência que as definições instaladas em normas emanadas pelas agências podem exercer na definição de conceitos manejados nos termos de outras leis, em particular as leis que cuidam da instituição de tributos.

Vejamos cada um deles:

(i) constitucionalidade de sua estipulação;

A despeito de entendimentos diversos apontados pela doutrina, o Supremo Tribunal Federal foi expresso ao firmar a constitucionalidade do poder normativo atribuído às agências, desde que as disposições inseridas pelos veículos introdutores expedidos pelas agências se limitem à matéria técnico-administrativa do setor regulado.

(ii) posição hierárquica que ocupam entre os veículos introdutores de normas previstos no ordenamento jurídico brasileiro;

Mais uma vez aqui a doutrina se divide sobre a possibilidade de quadrar o exercício dessa competência como: (a) uma delegação do poder regulamentar (pelo qual as normas expedidas

85

pelas agências equivaleriam aos regulamentos do chefe do executivo); (b) uma hipótese de deslegalização (criando regulamentos autônomos, equiparados à lei) ou (c) se se trataria de uma concepção ampla de execução, exercendo a agência um tipo especial de discricionariedade aberto pelos *standards* e *conceitos indeterminados* de que se vale a legislação para determinar as finalidades e princípios da regulação num dado setor (nesse caso, haveria uma subordinação dupla aos termos das leis e dos regulamentos expedidos pelo Executivo).

Nesse ponto, a Suprema Corte conquanto não tenha se valido dos mesmos termos utilizados pela doutrina, firmou o entendimento de que as normas expedidas pelas agências sujeitam-se tanto à lei como aos regulamentos. Suas resoluções, portanto, são veículos introdutores que ocupam posição hierárquica *inferior* às leis e aos regulamentos.

(iii) limites que esses documentos têm para definir conceitos previstos nas leis que os instituem;

Nesse aspecto, é necessário atinar para que a interpretação dada pelo Supremo para os dispositivos que cuidam do poder normativo conferido à ANATEL limitam a matéria que pode ser tratada a questões "simplesmente administrativas da prestação de serviços de telecomunicações no regime público e no regime privado", sendo oportuno recordar a ressalva do Ministro Sepúlveda Pertence de que as prescrições da agência devem se limitar à *"especificação do sistema legal em relação ao seu objeto próprio – telecomunicações e todo esse mundo de serviços postos sob a disciplina dessa Agência".*

Logo se vê o papel relevantíssimo que as definições assumem na tarefa de instituir as especificações dentro das quais os serviços públicos regulados devem ser prestados, sendo as normas expedidas pelas agências os veículos apropriados para apurar a extensão dos conceitos manejados nas leis.

É certo, por outro lado, que a jurisprudência do STF fez notar a subordinação das resoluções emitidas pelas agências ao teor das leis, vedando-lhe *"excepcionar o sistema legal"*. Nessas condições, parece adequado afirmar que as definições veiculadas nas resoluções não poderão contrariar a definição de conceitos por ventura já enunciado em lei ou regulamento.

(iv) qual a influência que as definições instaladas em normas emanadas pelas agências podem exercer na definição de conceitos manejados nos termos de outras leis

Se, por um lado, as definições estabelecidas nas resoluções expedidas pelas agências reguladoras subordinam-se às leis e regulamentos, é certo que ao definir conceitos utilizados nas leis que as instituem terminam por definir um conceito próprio para aquele setor regulado, em outras palavras, não está ela a instalar o conceito, apenas a defini-lo para as comunicações produzidas naquele contexto do setor regulado.

Desse modo, quando se está diante de eventual conflito entre uma definição legalmente estabelecida e aquela veiculada numa resolução de agência reguladora, é preciso antes apurar se a disposição legal é genérica ou se seria específica para o setor regulado. Caso seja uma disposição genérica, deve-se preferir a aplicação do *conceito* da lei específica do setor (que foi apenas *definido* na resolução), se, por outro lado, tratar-se de definição fixada em lei específica para o setor, fica comprometido o fundamento da competência para a agência definir o conceito que já foi demarcado na lei setorial.

Firmadas essas posições, passemos aos dois elementos mais importantes sobre o exercício dessa competência normativa no que concerne às definições técnicas: (i) o trabalho de elucidação dos conceitos indeterminados utilizados nas leis e (ii) a definição do critério de especialidade do regime de cada setor regulado.

CAPÍTULO 3

UNIDADE E AUTONOMIA CONCEPTUAL

NO DIREITO TRIBUTÁRIO

1. DO PROJETO À LEI 5.127/66: COMO O DIREITO TRIBUTÁRIO LIDA COM AS DEFINIÇÕES DE CONCEITOS DO DIREITO PRIVADO

No Projeto de Código Tributário Nacional, tal como encaminhado ao Presidente da República em 21 de julho de 1954, havia a seguinte disposição[163]:

---

163. Registro também a forma que o anteprojeto de Rubens Gomes de Sousa apresentava a matéria: "Art. 131. Os conceitos, formas e institutos de direito privado, a que faça referência a legislação tributária, serão aplicados segundo a sua conceituação própria, salvo quando seja expressamente alterada ou modificada pela legislação tributária.

Parágrafo único. A autoridade administrativa ou judiciária competente para aplicar a legislação tributária terá em vista, independentemente da intenção das partes, mas sem prejuízo dos efeitos penais dessa intenção quando seja o caso, que a utilização de conceitos, formas e institutos de direito privado não deverá dar lugar à evasão ou redução do tributo devido com base nos resultados efetivos do estado de fato ou situação jurídica efetivamente ocorrente ou constituída, nos têrmos do art. 129, quando os conceitos, formas ou institutos de direito privado utilizados pelas partes não correspondam aos legalmente ou usualmente aplicáveis à hipótese de que se tratar.

Art. 132. Os princípios gerais de direito privado constituem método ou processo supletivo de interpretação da legislação tributária unicamente para pesquisa da definição, conteúdo e alcance próprios dós conceitos, formas e institutos de direito privado nela

> Art. 76. Os princípios gerais de direito privado constituem método ou processo supletivo de interpretação da legislação tributária unicamente para pesquisa da definição, conteúdo e alcance próprios dos institutos, conceitos e formas de direito privado a que faça referência aquela legislação, mas não para definição de seus efeitos tributários.
>
> Parágrafo único. A lei tributária poderá modificar expressamente a definição, conteúdo e alcance próprios dos institutos, conceitos e formas a que se refere êste artigo, salvo quando expressa ou implicitamente utilizados, na Constituição Federal, nas Constituições dos Estados, ou nas Leis Orgânicas dos Municípios, para definir competência tributária.

Num subdomínio como o das normas tributárias, que se fia intensamente na ideia de *subsunção* como fundamento à incidência de suas normas, assume especial relevância a exegese a respeito da "definição, conteúdo e alcance" dos conceitos legais. De fato, não se pode realizar a operação lógica de subsunção se, antes, não se compreender como os vários enunciados jurídicos se concatenam para enunciar o conjunto de propriedades que um elemento deve apresentar para se quadrar ao conceito normativo.

Atentando para o dispositivo do Projeto, percebemos a preocupação de atribuir ao legislador uma *liberdade estipulativa* quanto aos conceitos de direito tributário. Com isso, expressa uma *autonomia conceptual* para que as leis redesenhassem os contornos de conceitos que lhe fossem *próprios* (i.e., que surgissem de modo inaugural no contexto das leis tributárias) ou que fossem "*importados*" de outros subdomínios jurídicos, nominalmente do direito privado. No esclarecimento da extensão dos conceitos, o papel que se reservava aos enunciados com definições inseridas "fora" dos textos tributários era apenas *supletivo*, prevalecendo a definição estipulada nos diplomas fiscais em caso de assimetrias.

Por outro lado, a redação parágrafo único daquele dispositivo, tratava de *limite a essa autonomia conceptual*: não

---

referidos, mas não para a definição dos seus efeitos tributários."

era possível dar contornos distintos daqueles do direito privado aos conceitos já empregados na Constituição Federal, nas Cartas dos Estados ou nas Leis Orgânicas dos Municípios para delimitar as competências tributárias. Em tais casos, deveria prevalecer a definição dos textos de direito privado, como anteparos das competências demarcadas na Constituição[164].

O texto aprovado ao fim pelo Congresso Nacional, desdobrou o art. 76 do Projeto nos arts. 109 e 110 do CTN, dando--lhes essa forma:

> *Art. 109. Os princípios gerais de direito privado utilizam-se para pesquisa da definição, do conteúdo e do alcance de seus institutos, conceitos e formas, mas não para definição dos respectivos efeitos tributários.*
>
> *Art. 110. A lei tributária não pode alterar a definição, o conteúdo e o alcance de institutos, conceitos e formas de direito privado, utilizados, expressa ou implicitamente, pela Constituição Federal, pelas* Constituições dos Estados, ou pelas Leis Orgânicas do Distrito Federal ou dos Municípios, para definir ou limitar competências tributárias.

Mesmo consideradas as diferenças redação[165], percebe-se que seu núcleo foi preservado: de um lado, afirma-se a liberdade estipulativa atribuída ao legislador para fixar os "efeitos tributários" dos "conceitos, institutos e formas" (art. 109) e, de outro, manteve a diretriz de limitar essa liberdade na

---

164. Durante as discussões da Comissão, Gilberto de Ulhoa Canto fez notar em uma de suas propostas então acatadas que o dispositivo visava a: "assegurar a estabilidade dos conceitos de direito privado que o constituinte empregou ao fixar competência tributária, pois tais conceitos, na Constituição, precisam subsistir tais como os teve em vista o legislador maior, sob pena de, assim não sendo; sofrer a discriminação de rendas tôda a sorte de golpes e deformações, desde que se permita a cada passo desprezar os conceitos imanentes para substituí-los por outros, peculiares ao direito tributário, que não se ajustem ao pretendido pelo constituinte." (BRASIL, Ministério da Fazenda. *Trabalhos da Comissão Especial do Código* Tributário Nacional. Rio de Janeiro, 1954. Disponível em: <https://is.gd/8Ox9IX. Acesso em 02 dez. 2016).

165. Já não há referência literal ao termo "supletivo", como se fazia no *caput* do art. 76, nem se expressa a liberdade de modificar os conceitos como *regra geral*, tal como no parágrafo único do original, excepcionando somente aqueles utilizados pela Constituição.

definição dos conceitos utilizados para a repartição de competências constitucionais (art. 110).

Esses comandos bem ilustram as duas forças que atuam sobre a estipulação e interpretação dos conceitos empregados na legislação tributária. De um lado, como instrumento de sua efetividade, atribui-se ao direito tributário uma *autonomia conceptual* para que sua legislação possa recortar os conceitos com critérios que melhor se adequem a seus propósitos e peculiaridades funcionais; de outro, impõe-se certa *uniformidade conceptual* do direito como limite, reconhecendo que as próprias competências tributárias já foram atribuídas por conceitos cuja definição é estabelecida na tradição jurídica e, portanto, seria vedado ao legislador ultrapassá-las.

Essas duas forças agem tal como vetores que, tendo um mesmo sentido, correm em direções opostas. Cada uma delas age insuflada por uma série de valores caros à ordem jurídica: se a *autonomia conceptual* se justifica em grande medida pela busca de maior *rendimento* e *precisão* à legislação tributária; também é certo que o uso de conceitos com definições já assentadas na longa tradição do direito privado oferece ao direito tributário maior *previsibilidade* e *racionalidade* na interpretação de seus comandos, estimativas que se tornam ainda mais valiosas se considerarmos a pluralidade de focos ejetores de normas envolvidos na tributação brasileira, com legislações nacional, federal, estaduais, distrital e municipais. Dessa maneira, não se pode ignorar alguma dessas forças sem, com isso, comprometer a consistência e a eficácia do sistema. Assim, é preciso assimilar que elas atuam concomitantemente sobre o direito, exigindo que o intérprete as sopese para compor uma resultante.

Na maior parte das vezes esse assunto é tratado sob a perspectiva dos conceitos constitucionais de outorga das competências tributárias[166]. Entretanto, no decorrer deste capítu-

---

166. Numerosos são os escritos sobre o tema, inexistindo sequer um Curso ou Tratado de Direito Tributário que não reserve ao assunto algumas páginas.

lo pretendo traçar as bases para uma aproximação distinta: não da compreensão de um comando de *competência legislativa*, como diretriz voltada ao legislador, mas do modo como essas forças atuam sobre a *interpretação* (voltada à *aplicação*) das leis tributárias ante um caso concreto. De que maneira os vários enunciados que estabelecem definições jurídicas para conceitos já utilizados na legislação tributária atuam na compreensão do alcance dos tributos instituídos? Que fazer diante de eventual assimetria na determinação das propriedades relevantes para caracterizar um conceito? Que fatores levam a preferir a definição feita em um diploma x a outra estabelecida no diploma y? São essas as questões de que pretendo me ocupar neste capítulo.

2. UNIDADE E AUTONOMIA CONCEPTUAL NO DIREITO POSITIVO BRASILEIRO

2.1 *A Lei Complementar 95/98 e o "sentido comum" da linguagem*

No direito brasileiro, existe um diploma cuja função é estabelecer diretrizes para a *"elaboração, a redação, a alteração e a consolidação das leis"*, abrangendo também as *"medidas provisórias e demais atos normativos referidos no art. 59 da Constituição Federal"*, trata-se da Lei Complementar 95/98.

Numa primeira leitura, seus comandos instalariam obrigações voltadas apenas àqueles que cuidam da redação desses documentos, ditando-lhes a forma de organizar as prescrições e até mesmo o estilo.

No entanto, tal exegese pouca ou nenhuma utilidade teria para quem examine o fenômeno jurídico em outros instantes

---

Entretanto, merece destaque a monografia de Andrei Pitten Velloso sobre o assunto (VELLOSO, Andrei Pitten. *Conceitos e competências tributárias*. São Paulo: Dialética, 2005).

de sua manifestação: como o da interpretação ou o da aplicação. Para esses momentos, uma segunda leitura dos comandos da Lei Complementar 95/98 é possível: ver na sua disciplina uma *chave de interpretação* para as normas editadas no direito brasileiro, seja para (i) *assimilar a estrutura lógica* com que estão dispostos seus vários enunciados (*e.g.* para compreender que as relações de dependência que se estabelecem entre artigos, incisos e parágrafos, estabelecida no art. 10), ou, ainda, para (ii) traçar *orientações básicas para o ato de escolha dentre os sentidos possíveis*[167] de uma palavra utilizada na legislação a ser interpretada.

Sobre este último ponto, convém atentar para a prescrição do art. 11:

> Art. 11. As disposições normativas serão redigidas com clareza, precisão e ordem lógica, observadas, para esse propósito, as seguintes normas:
>
> I - para a obtenção de clareza:
>
> a) *usar as palavras e as expressões em seu sentido comum, salvo quando a norma versar sobre assunto técnico, hipótese em que se empregará a nomenclatura própria da área em que se esteja legislando;*
>
> [...]

Se considerarmos (i) a relevância que o ato de recepção assume na comunicação jurídica; (ii) que muitos dos comandos instituídos no direito se dirigem a regrar a conduta de pessoas que não têm formação técnico-jurídica, fica fácil compreender que a preferência pelo "sentido comum" é inspirada por um aspecto de indubitável funcionalidade: fazer com que os destinatários dos comandos jurídicos entendam as ordens dadas.

---

167. A interpretação jurídica se depara constantemente com o estabelecimento de "molduras interpretativas" em que é possível identificar um conjunto de significados possíveis para os termos das leis, cabe ao jurista, no ato de aplicação, escolher dentre as acepções contidas nessa moldura, como afirmou Kelsen no Capítulo VIII de seu Teoria Pura do Direito (KELSEN, Hans. *Teoria Pura do Direito*. Trad. João Baptista Machado. 8ª ed. São Paulo: Martins Fontes, 2009).

Tal medida implementa, ainda, uma segunda função: a preferência por um vocabulário *comum* (entendido o adjetivo na proporção semântica de *compartilhado*), aproxima o texto jurídico do valor de *unidade conceptual*. Na medida em que determina que as palavras e expressões assumam *seu sentido comum* no discurso jurídico, conduz os intérpretes, na escolha dentre as acepções possíveis para os termos usados nas leis, à preferência pelos significados atribuídos léxico da linguagem ordinária. Isso, porém, não se dá sem problemas.

2.1.1. Primeiro problema: a "acepção comum" ou "acepção técnica"?

Ocorre que o próprio texto do art. 11, I, *a*, da Lei Complementar 95/98, expõe uma relevante exceção: *salvo se a norma versar sobre assunto técnico*. Ora, o direito pode ele mesmo ser visto como uma linguagem técnica, como diz Paulo de Barros Carvalho:

> O direito positivo é um falar técnico. Influi na linguagem ordinária e inspira-se na linguagem científica, onde vai buscar os fundamentos teóricos de suas estratégias de aplicação. Cabe ao cientista, em face dos problemas técnicos que lhe são submetidos, ajustar o funcionamento do modelo para atingir os fins pretendidos na prática. Da mesma forma o cientista. Sempre que os esquemas de sua ciência apresentarem dúvidas, deverá socorrer-se da linguagem filosófica, rediscutindo a dinâmica de suas teorias, para que elas possam alimentar os técnicos e estes últimos fazerem boa aplicação na linguagem da realidade social.[168]

A formação de uma linguagem técnica faz-se, sob inspiração de modelos científicos, a partir de uma depuração de sentidos que a linguagem ordinária atribui às palavras já existentes e da criação mesma de novos termos, descolando o "sentido técnico" do "sentido comum". Ou seja, liga os termos (novos ou já existentes) a conceitos que *não coincidem*, em extensão, aos conceitos manejados na linguagem ordinária, os *conceitos técnicos*.

---

168. CARVALHO, Paulo de Barros. *Derivação e Positivação no Direito Tributário*. v. III. São Paulo: Noeses, 2016. p.XVIII.

Assim, em nome de uma *precisão operativa*, o direito cria esses conceitos técnicos e expressa-os com termos (ora novos, ora já existentes na linguagem natural), articulando-os com outras palavras que expressam conceitos de linguagem comum para instituir seus comandos. É dessa precisão que cuida a alínea *a*, do inciso II, do mesmo art. 11:

> II - para a obtenção de precisão:
>
> a) articular a linguagem, técnica ou comum, de modo a ensejar perfeita compreensão do objetivo da lei e a permitir que seu texto evidencie com clareza o conteúdo e o alcance que o legislador pretende dar à norma;

No discurso jurídico, portanto, os termos usados se referem ora aos "sentidos comuns" ora aos "sentidos técnicos" e, com isso, já se anuncia um primeiro obstáculo à uniformidade conceptual do discurso do direito: diante de um termo de um enunciado qualquer, deve o intérprete preferir a acepção *comum*[169] ou a *técnica*[170] em seu processo de construção de sentido?

---

169. Para ilustrar com um exemplo essa dificuldade interpretativa, que não é exclusiva do sistema jurídico brasileiro, peço licença para expor brevemente um caso de 1893 decidido pela Suprema Corte dos Estados Unidos. Na ocasião, discutia-se a respeito de qual seria a classificação fiscal à qual estaria submetido ao tomate: se ele se quadraria no conceito de fruta, como a botânica determinava, ou se, como era aceito no uso comum da linguagem e na culinária, ele seria uma Naquela ocasião, decidiu-se pelo sentido comum da linguagem: *"The court takes judicial notice of the ordinary meaning of all words in our tongue, and dictionaries are admitted not as evidence, but only as aids to the memory and understanding of the court.Tomatoes are "vegetables," and not "fruit," within the meaning of the Tariff Act of March 3, 1883, c. 121."* (ESTADOS UNIDOS. Suprema Corte. Caso Nix v. Hedden, 149 U.S. 304. 1893). No Brasil inexiste um precedente semalhante quanto a esses vegetais, porém acontece algo semelhante em função de um Decreto: a despeito do conceito técnico botânico, a TIPI classifica os tomates no Capítulo 7 *"Produtos hortícolas, plantas, raízes e tubérculos, comestíveis"*, diverso do Capítulo 8 *"Fruta; cascas de citros (citrinos) e de melões"*.

170. A exemplo do decidido pelo STJ "Ato infracional é a conduta descrita como crime ou contravenção penal (Lei 8.069, de 1990, art. 103); trata-se de definição normativa, ou técnica, com significado restrito, dissociado do uso que a expressão tem no linguajar comum. Não se assimila, para os efeitos do artigo 247 do aludido diploma legal, a conduta de quem infringiu regra de Concurso Vestibular, sem que implique em crime ou contravenção." (STJ. 2ª Turma. REsp 64.143/RJ. Rel. Min. Peçanha Martins. DJ 19.04.1999).

TRIBUTAR NA ERA DA TÉCNICA

2.1.2 Segundo problema: acepção técnica do direito ou acepção técnica de outros setores do conhecimento?

Para além dos conceitos que o direito cria em sua própria linguagem técnica, a legislação noutras vezes se serve de termos técnicos cunhados em outros domínios do conhecimento, empregando sua significação especial para disciplinar condutas.

Exemplo do uso desse tipo de conceito técnico nos termos legais ocorre na Lei de Biossegurança. O caso é proveitoso, pois sobre esse emprego já se pronunciou o Supremo Tribunal Federal na ADI 3.510/DF, instituindo (i) a *preferência pela definição técnica* das ciências biomédicas na inexistência de definições jurídicas específicas da lei; (ii) a desnecessidade de que tais definições sejam positivadas no corpo da lei, podendo os intérpretes *presumi-las* a partir do vocabulário das ciências médicas e biológicas:

> VIII - SUFICIÊNCIA DAS CAUTELAS E RESTRIÇÕES IMPOSTAS PELA LEI DE BIOSSEGURANÇA NA CONDUÇÃO DAS PESQUISAS COM CÉLULAS-TRONCO EMBRIONÁRIAS. A Lei de Biossegurança caracteriza-se como regração legal a salvo da mácula do açodamento, da insuficiência protetiva ou do vício da arbitrariedade em matéria tão religiosa, filosófica e eticamente sensível como a da biotecnologia na área da medicina e da genética humana. Trata-se de um conjunto normativo que parte do pressuposto da intrínseca dignidade de toda forma de vida humana, ou que tenha potencialidade para tanto. A Lei de Biossegurança não conceitua as categorias mentais ou entidades biomédicas a que se refere, mas nem por isso impede a facilitada exegese dos seus textos, pois é de se presumir que recepcionou tais categorias e as que lhe são correlatas com o significado que elas portam no âmbito das ciências médicas e biológicas.[171]

Esse fenômeno se relaciona intimamente com aquilo que já tratamos no capítulo anterior sobre a intertextualidade das definições técnico-científicas e as normas jurídicas emanadas

---

171. STF. Pleno. ADI 3.510/DF. Rel. Min. Ayres Britto. DJe 28.05.2010. *Sublinhei.*

pelas agências reguladoras[172], guardando especial pertinência para o exame de nosso objeto de pesquisa.

Atendo-nos às prescrições da Lei Complementar e aos termos da decisão do Supremo Tribunal Federal, a busca por uma definição técnica para além dos textos legais, justificar-se-ia em função da *precisão* na interpretação dos comandos legais. Estaria aí uma regra-geral, na ausência de enunciados que expressem claramente a definição de um conceito expressado por um termo jurídico, haveria de se buscar o sentido que a linguagem técnica dá a esses conceitos. Por isso mesmo, na definição de conceitos como "vida"[173], preferiu-se a objetividade da definição dada pelas ciências médicas e biológicas àquelas ("arbitrárias", nas palavras do relator) que eram oferecidas pela religião, filosofia ou modelos éticos.

Essa prevalência de definições "objetivas" advindas da ciência, no entanto, não é uma constante no fenômeno jurídico. Porque cria suas próprias realidades, o direito certas vezes dá proporções semânticas distintas a certos termos, determinando, a despeito do que digam as engenharias, que um avião é um bem imóvel para fins de hipoteca[174], noutras, classifica os bens à revelia dos conceitos científicos, como acontece com o *tomate*, que é fruta para os botânicos, mas hortaliça para a Tabela do IPI[175].

O que se evidencia com os exemplos ora colacionados é que existe significativa intertextualidade entre as definições

---

172. Capítulo 2, Item 1.

173. *"O embrião referido na Lei de Biossegurança ("in vitro" apenas) <u>não é uma vida a caminho de outra vida</u> virginalmente nova, porquanto lhe faltam possibilidades de ganhar as primeiras terminações nervosas, sem as quais o ser humano não tem factibilidade como projeto de vida autônoma e irrepetível. O Direito infraconstitucional protege por modo variado cada etapa do desenvolvimento biológico do ser humano. Os momentos da vida humana anteriores ao nascimento devem ser objeto de proteção pelo direito comum. O embrião pré-implanto é um bem a ser protegido, mas não uma pessoa no sentido biográfico a que se refere a Constituição."* (STF. Pleno. ADI 3.510/DF. Rel. Min. Ayres Britto. DJe 28.05.2010. Sublinhei.)

174. Art. 1.473, VI, do Código Civil.

175. Tal como aprovada no Decreto 8.950, de 29 de dezembro de 2016. Ver nota de rodapé no final do item 2.1.1.

TRIBUTAR NA ERA DA TÉCNICA

dos saberes extrajurídicos e os termos utilizados na legislação. Não é, no entanto, uma relação que se instala sobre o modo da *necessidade*, havendo a possibilidade de que o direito estipule definições diversas *"para efeitos jurídicos"*, na explicitude ou na implicitude de seus enunciados.

A decisão pelo sentido técnico-jurídico ou técnico-extra-jurídico há de se tomar com fundo nos dados contextuais da legislação examinada, inexistindo regra no ordenamento que permita afirmar, *a priori*, a prevalência de uma delas.

2.1.3 *Terceiro problema: a polissemia de "acepções técnico-jurídicas"*

As definições técnicas formuladas no linguajar do direito são expedientes de indubitável valia na construção de discurso *operativo* e *preciso*. É, aliás, em nome dessa mesma precisão que o art. 11, II, *b*, da Lei Complementar 95/98, determina que os conceitos técnicos jurídicos devam ser expressos sempre pelos mesmos termos ao longo dos textos do direito:

> b) expressar a idéia, quando repetida no texto, por meio das mesmas palavras, evitando o emprego de sinonímia com propósito meramente estilístico;

Essa pretensão de univocidade do discurso técnico jurídico ecoa também pela doutrina, como lembra Becker ao enunciar que

> Não existe um legislador tributário distinto e contraponível a um legislador civil ou comercial. Os vários ramos do direito não constituem compartimentos estanques, mas são partes de um único sistema jurídico, de modo que qualquer regra jurídica exprimirá sempre uma única regra (conceito ou categoria ou instituto jurídico) válida para a totalidade daquele único sistema jurídico. Esta interessante fenomenologia jurídica recebeu a denominação de cânone hermenêutico da totalidade do sistema jurídico.[176]

---

176. BECKER, Alfredo Augusto. *Teoria Geral do Direito Tributário*. São Paulo: Noeses, 2007. p.129.

Essa busca pela consistência no uso dos termos da linguagem jurídica se vê, no entanto, dificultada pela grande quantidade de definições que o próprio ordenamento jurídico atribui aos mesmos termos, prestigiando ou desprestigiando certas características identificadoras do conceito ao sabor dos interesses tutelados nos diferentes ramos do direito.

É fácil ilustrar a proposição precedente: basta com ver a maneira que um único termo, como *funcionário público*, ganha proporções semânticas diferentes na Lei dos Servidores Públicos[177] e no Código Penal[178], para incluir neste último os agentes honoríficos, delegados e credenciados à diferença do regime administrativo; ou ainda como o termo *grupo econômico*[179] assume diversas caracterizações para o direito do trabalho[180], para o direito do consumidor[181], para o direito econô-

---

177. A bem do rigor, a definição de funcionário público era prevista no art. 2º da Lei 1.711/52, revogada posteriormente pela Lei 8.112/90, que sem substituir a definição, disse estarem a partir de então submetidos os funcionários ao regime geral dos servidores públicos (art. 243).

178. Art. 327 - Considera-se funcionário público, para os efeitos penais, quem, embora transitoriamente ou sem remuneração, exerce cargo, emprego ou função pública.
§ 1º - Equipara-se a funcionário público quem exerce cargo, emprego ou função em entidade paraestatal, e quem trabalha para empresa prestadora de serviço contratada ou conveniada para a execução de atividade típica da Administração Pública.
§ 2º - A pena será aumentada da terça parte quando os autores dos crimes previstos neste Capítulo forem ocupantes de cargos em comissão ou de função de direção ou assessoramento de órgão da administração direta, sociedade de economia mista, empresa pública ou fundação instituída pelo poder público.

179. Cf. FERRAZ JR. Tercio Sampaio. Grupo Econômico. Implicações do direito da concorrência no direito societário e sua repercussão no direito do trabalho. In: CARRAZZA, Roque Antonio et DONNINI, Rogério (coord.). *Temas Atuais de Direito*. São Paulo: Malheiros, 2008.

180. Na CLT: "Art. 2º - Considera-se empregador a empresa, individual ou coletiva, que, assumindo os riscos da atividade econômica, admite, assalaria e dirige a prestação pessoal de serviço.
§ 2º - Sempre que uma ou mais empresas, tendo, embora, cada uma delas, personalidade jurídica própria, estiverem sob a direção, controle ou administração de outra, constituindo grupo industrial, comercial ou de qualquer outra atividade econômica, serão, para os efeitos da relação de emprego, solidariamente responsáveis a empresa principal e cada uma das subordinadas."

181. No CDC: "Art. 28. O juiz poderá desconsiderar a personalidade jurídica da

mico[182] e para o direito societário[183], requerendo propriedades distintas em cada um desses domínios; para dizer que houve *homicídio* no contexto da exclusão sucessória por indignidade[184] não é preciso que exista prévia condenação no juízo penal[185], à diferença do requisito constitucional para falar dos efeitos criminais.

A polissemia encontrada nos termos da linguagem jurídica, porém, não se pode atribuir exclusivamente às necessidades e utilidades próprias de cada área, pois também tem raízes na própria *ambiguidade* que as palavras encontram no seu uso de linguagem natural[186], a exemplo do termo *homem* que, podendo significar tanto o conceito *"ser humano"* como o conceito *"ser humano do sexo masculino"*, transferindo a dualidade de sentido também para os textos jurídicos[187].

---

sociedade quando, em detrimento do consumidor, houver abuso de direito, excesso de poder, infração da lei, fato ou ato ilícito ou violação dos estatutos ou contrato social. A desconsideração também será efetivada quando houver falência, estado de insolvência, encerramento ou inatividade da pessoa jurídica provocados por má administração.
[...]
§ 2° As sociedades integrantes dos grupos societários e as sociedades controladas, são subsidiariamente responsáveis pelas obrigações decorrentes deste código."

182. Na Lei 12.529/2011: "Art. 33. Serão solidariamente responsáveis as empresas ou entidades integrantes de grupo econômico, de fato ou de direito, quando pelo menos uma delas praticar infração à ordem econômica."

183. Na Lei 6.404/76: "Art. 265. A sociedade controladora e suas controladas podem constituir, nos termos deste Capítulo, grupo de sociedades, mediante convenção pela qual se obriguem a combinar recursos ou esforços para a realização dos respectivos objetos, ou a participar de atividades ou empreendimentos comuns."

184. Art. 1.814. São excluídos da sucessão os herdeiros ou legatários:
I - que houverem sido autores, co-autores ou partícipes de homicídio doloso, ou tentativa deste, contra a pessoa de cuja sucessão se tratar, seu cônjuge, companheiro, ascendente ou descendente;

185. RIZZARDO, Arnaldo. *Direito das Sucessões*. 5ª ed. Rio de Janeiro: Forense, 2009.

186. CARRIÓ, Genaro R. *Notas sobre Derecho y Lenguaje*. Buenos Aires: Abeledo Perrot, 2006. p.34.

187. A exemplo, no Código Civil, dos arts. 1.011 (Art. 1.011. O administrador da sociedade deverá ter, no exercício de suas funções, o cuidado e a diligência que todo *homem* ativo e probo costuma empregar na administração de seus próprios negócios.) e 1.514. (Art. 1.514. O casamento se realiza no momento em que o *homem* e a

De outro lado, a *vagueza* da linguagem natural contribui com a incerteza sobre (i) quais são as notas distintivas de um conceito e (ii) em que intensidade elas devem ser satisfeitas para subsumir um elemento a um conceito. Essa incerteza é remediada pela elucidação dos conceitos, isto é, pela discriminação dessas propriedades que um elemento precisa apresentar para quadrar-se ao conceito.

É justamente ao longo desse procedimento de elucidação que os enunciados jurídicos dos diversos setores do ordenamento terminam construindo definições distintas, elegendo critérios afeitos às suas particularidades axiológicas e capazes de atender com maior eficácia as exigências procedimentais de cada campo. Quando reiterado, esse modo de agir dá origem a termos multissignificativos no direito, apontando para conceitos técnico-jurídicos distintos, cuja extensão nem sempre coincidirá no ordenamento como um todo[188], comprometendo aquele ideal racional de univocidade terminológica que a Lei Complementar enuncia.

2.2 *Polissemia dos termos jurídicos e a identificação de contextos normativos*

É bem verdade que a polissemia dos termos jurídicos tem raízes na ambiguidade da linguagem natural, como também é certo que o legislador, ao construir expressões técnico-jurídicas e ao importar para o discurso legislativo locuções técnicas de outros domínios do conhecimento, passa a exigir do intérprete um esforço maior para a compreensão da mensagem legislada.

---

mulher manifestam, perante o juiz, a sua vontade de estabelecer vínculo conjugal, e o juiz os declara casados.).

188. Por vezes, até mesmo dentro de um único subdomínio jurídico encontra-se um único termo com acepções distintas, como acontece com o vocábulo "insumo" no contexto de não-cumulatividade do IPI e da Contribuição ao PIS e da COFINS.

TRIBUTAR NA ERA DA TÉCNICA

Deve-se reconhecer, entretanto, que no mais das vezes a comunicação pela linguagem natural flui a despeito da ambiguidade e vagueza de seus termos. Tomemos o exemplo da palavra *"manga"*. A só leitura do termo é incapaz de nos credenciar para falar, com segurança, se ela se refere ao conceito *manga-fruta* ou *manga-de-camisa*, no entanto, não deve um vendedor de camisas entender, numa loja, que a "manga amassada" de que o cliente reclama se refira a uma fruta, tampouco o feirante cortará um naco de sua roupa quando lhe pedimos para "cortar a manga". Isso não ocorre pois a mesma palavra, nas relações que estabelece com os diferentes *contextos*, limita as escolhas de significado pelo intérprete, garantindo o sucesso da comunicação a despeito da polissemia do termo.

Assim também deve acontecer com os termos da mensagem jurídica. Para justificar a preferência por uma ou outra acepção dos que os termos jurídicos assumem, tal como fazemos na interpretação da linguagem natural, é necessário atentar para os dados contextuais que circundam a expressão interpretada.

Stephen Ullmann em seu livro de introdução à Semântica divide o contexto em duas instâncias: haveria o *contexto verbal*, que se aufere pelas relações que as palavras entretêm dentro de um mesmo texto. Concomitantemente, haveria o *contexto de situação* que

> Significa, em primeiro lugar, a situação efectiva em que uma expressão ocorre, mas leva a uma visão ainda mais ampla do contexto que abrange todo o fundo cultural contra o qual é colocado um acto de fala.[189]

A variação do contexto situacional afeta, de um modo sutil, mas muito significativo, o significado das palavras. O próprio Ullman dá um exemplo de como isto ocorre ao dizer que o *rex* romano, não é o mesmo que um *king* inglês ou um *roi* francês, sendo estes também diferentes entre si e bem distintos do *rei*

---

189. ULLMAN, Stephen. Semântica. *Uma introdução à ciência do significado*. Trad. J. A. Osório Mateus. 3ª ed. Lisboa: Calouste Gulbenkian, 1973. p. 106.

português ou do *imperador* brasileiro. Cada um desses nomes, que a tradução convenientemente equipara, somente podem ser bem compreendidos se relacionados à situação efetiva e ao fundo cultural dos atos de fala que o enunciam.

Da mesma forma, mesmo quando se descolam do "sentido comum", as acepções técnico-jurídicas são construídas para melhor se conformar às exigências do sistema jurídico ou implementar de maneira mais eficaz os objetivos da legislação. Esses dados, que formam o sistema jurídico e expressam os objetivos da lei, são os dados formadores do *contexto situacional* que se deve ter em conta ao atribuir sentido às mensagens jurídicas.

Especificamente sobre o contexto da interpretação das normas jurídicas, Jerzy Wróblewsksi propõe uma divisão em três níveis para seu estudo, que são assim explicados por Eros Roberto Grau:

> No primeiro deles – o *contexto linguístico* – as situações de dúvida decorrem da circunstância de a linguagem jurídica apresentar ambiguidades e zonas de penumbra e ser potencialmente vaga e imprecisa – traços que advêm do fato de se nutrir da linguagem natural.
>
> No segundo – o *contexto sistêmico* –, as dúvidas que a reclamam manifestam-se quando o significado *prima facie* de um texto normativo resulta inconsistente ou incoerente em presença de outro ou outros textos normativos do sistema jurídico no qual o primeiro se encontra inserido. A interpretação em sentido estrito, então se impõe seja porque (i) os textos normativos de um sistema jurídico relacionam-se substantiva e formalmente, (ii) seja não apenas porque há hierarquia entre eles, mas também porque assumem formas e modalidades diversas (normas gerais e normas especiais; normas primárias e normas secundárias; normas de conduta, normas de organização e normas-objetivo), ou, ainda, (iii) porque não se presume contradição entre eles (consistência do sistema) e, ademais, (iv) a harmonia entre eles é pressuposta (coerência do sistema).
>
> No terceiro – o *contexto funcional* –, as situações de dúvida consistem, basicamente, na coexistência *prima facie* de múltiplas funções, conflitivas e excludentes entre si, atribuíveis a um mesmo texto normativo.[190]

---

190. WROBLÉWSKI, Jerzy. Apud. GRAU, Eros Roberto. *Por que tenho medo dos juízes (a*

Desse modo, para justificar racionalmente a preferência por uma dentre as acepções possíveis para um termo empregado na legislação, é necessário que o intérprete atente para esses níveis do contexto, relacionando o termo interpretado com outras expressões utilizadas nos demais textos (em sentido amplo) que formam a *situação* (no sentido dado acima por Ullmann) da mensagem normativa.

Deve, com isso, ultrapassar a polissemia ínsita à linguagem natural (investigação do contexto linguístico); relacionar o dispositivo que interpreta com os demais textos do ordenamento (investigação do contexto sistêmico); e, por fim, adequar o conceito erigido aos propósitos do texto normativo (investigação do contexto funcional).

2.2.1 A previsão de especialidade do art. 2º, §§1º e 2º, da LINDB e critérios normativos para estabelecer a definição aplicável a cada contexto jurídico

Do que acabamos de tratar a respeito do contexto das normas jurídicas, resulta que a maior ou menor segurança do interprete na compreensão dos termos da mensagem jurídica dependerá, em boa medida, da clareza que ele tenha nas relações das palavras com o contexto.

É possível afirmar que a atividade de identificação do contexto está implícita no comando instalado na Lei de Introdução das Normas de Direito Brasileiro (LINDB), quando ela determina, no art. 2º, que se deve dar preferência às disposições específicas sobre as gerais. É o critério da especialidade utilizado para diante de um mesmo termo, em um dado contexto, escolher-se uma acepção definida num enunciado x e, ante outro cenário, escolher-se uma segunda voz, delimitada no enunciado y.

---

interpretação/aplicação do direito e os princípios). São Paulo: Malheiros, 2013. p.34.

LUCAS GALVÃO DE BRITTO

O que se observa, com a existência e aplicação de enunciados que criem definições *especiais* para os termos jurídicos, a par das definições *gerais* já existentes, inauguram, com essas definições, *novos contextos normativos*. Trata-se de fenômeno que se repete a cada vez que uma nova definição jurídica se estabelece a par de outra que não tenha sido revogada nos termos do art. 2º, §2º, da LINDB.

Exemplos interessantes dessa criação de distintos contextos normativos se dão desde há muito na experiência jurídica brasileira. Com efeito, se atentarmos para os precedentes quer inspiraram o Enunciado 596 da Súmula do STF[191], perceberemos que as disposições da Lei 4.565/64, credenciando o Conselho Monetário Nacional (CMN) a expedir diretrizes sobre taxas de juros praticadas, instalam um grupo especial de relações jurídicas que se sujeita a regra diversa daquela que previa o teto de 12% (doze por cento), prevista na Lei de Usura para as operações de mútuo em geral. Inaugurando um contexto normativo especializado (o dos juros bancários), com regras e conceitos diversos do regime geral (os juros da Lei de Usura).

Como se observa do trecho do voto do Relator, Min. Oswaldo Trigueiro, no RE 78.953/SP, que se firmou como precedente na jurisprudência do Tribunal:

> Penso que o art. 1º do Decreto 22.626 está revogado, não pelo desuso ou pela inflação mas pela Lei 4.595, pelo menos no pertinente às operações com as instituições de crédito, públicos ou privados, que funcionam sobre o estreito controle do Conselho Monetário Nacional.[192]

Curioso notar que tanto o art. 2º da LINDB como a jurisprudência do STF e até mesmo a fórmula expressa no brocardo latino empregam o termo *revogação*, para se referir aos

---

191. As disposições do Decreto 22.626/33 não se aplicam às taxas de juros e aos outros encargos cobrados nas operações realizadas por instituições públicas ou privadas, que integram o sistema financeiro nacional.

192. STF. RE 78.953. Pleno. Rel. Min. Oswaldo Trigueiro. DJ 09.04.1975. *Destaquei.*

efeitos da lei mais específica e posterior (Lei 4.565/64) sobre a anterior (Decreto 22.626/33), quando a bem do bom uso das categorias e da precisão do discurso jurídico, deveriam tratar de conflito de normas, resolvido pelo critério da especialidade (sem revogação)[193].

Essa criação de diferentes contextos jurídicos justifica a escolha de diversos sentidos (conceitos) para um mesmo termo, faz-se perceber em cada um dos exemplos enunciados no item 2.1.3. deste capítulo. Por isso "funcionário público" significa uma coisa no *contexto da administração pública* e outra, diversa, no *contexto criminal*; "tributo" quer dizer uma coisa no *contexto tributário* e outra no *contexto financeiro*[194] etc.

2.2.2 As normas das agências reguladoras e os "ordenamentos setoriais"

Como se percebe da leitura dos dispositivos citados da Lei Complementar 95/98 e da LINDB, o direito positivo brasileiro prestigia tanto a uniformidade conceitual no ordenamento, como também abre espaço para a criação de conceitos jurídicos especiais, melhor adequados às especificidades de cada subdomínio normativo.

A depender de como as normas que delimitam a competência normativa em cada subdomínio jurídico sejam traçadas, o espaço reservado a liberdade estipulativa do legislador (em sentido amplo) pode ser maior ou menor. Por isso, a exegese de regras para orientar a interpretação dos termos utilizados nesses subdomínios carece do exame atento das disposições que instituem sua competência. É nesse quadro de

---

193. Isso porque, como disse Tárek Moussallem: *"lei especial não revoga lei geral. O brocardo latino é falso. Convivem perfeitamente a lei especial e a geral. Revogada a especial, aplica-se integralmente a lei geral."* (MOUSSALLEM, Tárek Moysés. *Revogação em matéria tributária*. São Paulo: Noeses, 2011. p. 271).

194. Trata-se aqui, da dualidade de definições do art. 3º, do CTN, que atribui à palavra o conceito de *prestação pecuniária*, e do art. 9º da Lei 4.320/64, que toma a palavra como representativa de um conceito *receita*.

enunciados que se deve compreender tanto os arts. 109 e 110 do CTN, como também as prescrições que atribuem o poder normativo das agências reguladoras.

Por ora, restringirei a atenção às normas que cuidam dos poderes normativos das agências reguladoras. Retomando as posições firmadas no item 4.4. do capítulo precedente, vimos que a competência normativa da ANATEL está circunscrita em seus âmbitos subjetivo (sujeitos), objetivo (matéria) e teleológico (finalidade).

No âmbito subjetivo, as prescrições devem se limitar à disciplina das relações entre usuários, concessionárias e o poder público. A matéria dessas prescrições, somente poderá tratar de questões *simplesmente administrativas* e de promover a *especificação [conceptual] do sistema legal em relação ao seu objeto próprio – telecomunicações e todo esse mundo de serviços postos sob a disciplina dessa Agência*, como explicitou o Min. Sepúlveda Pertence em acréscimo (acatado pelo Tribunal) ao voto de relator. É justamente dentro desse espectro de "especificações" que as agências expedem normas com enunciados definitórios[195].

Ao "especificar" o sentido que dão aos termos gerais enunciados na lei, as agências estabelecem critérios distintivos com maior precisão e objetividade, exprimindo detalhes de relevância técnica-científica para instrumentar os valores fixados na política setorial. Operam para assim objetivar o interesse público que pretendem tutelar, estando aí os limites teleológicos para sua atuação.

Sobre a finalidade como fundamento para a atuação normativa das agências reguladoras é preciso tecer ainda mais algumas palavras.

---

195. Embora a menção expositiva seja expressa ao setor de telecomunicações, idênticas referências podem ser feitas quanto às demais agências enunciadas no item 3. do Capítulo 2, dada a semelhança dos dispositivos que lhe conferem competência normativa.

A expressão "interesse público" vem sempre carregada de conotações positivas, afinal é difícil encontrar alguém contrário ao "bem da coletividade". No entanto, ainda que nos restringíssemos a examinar o interesse público no interior de apenas um setor, como fazemos de momento ao falar dos serviços públicos de telecomunicações, é inegável que em seu interior se imbricam muitos interesses, nem sempre harmônicos, afetando toda a coletividade. Como bem registra Celso Fernandes Campilongo:

> As questões jurídicas que envolvem esses serviços públicos podem, com frequência, ter desdobramentos que exijam, para além da inafastável intervenção judicial, a atuação da Comissão de Valores Mobiliários (CVM), da Agência Nacional de Telecomunicações (ANATEL), do Conselho Administrativo de Defesa Econômica (CADE), do Conselho Nacional de Autorregulamentação Publicitária (CONAR), das Secretarias de Proteção ao Consumidor (PROCONs) e, não raramente, de Comissões Internacionais de Arbitragem sediadas no exterior. Em todos esses planos, o reconhecimento da dimensão técnico-formal do serviço público é fundamental. Mas nada disso garante que uma concepção inflexível de serviço público facilitará a tomada das decisões exigidas. E mais: o recurso fácil do "interesse público", nesse contexto, terá de se adaptar às peculiaridades e aos objetivos de cada setor de regulação.
>
> Proteger os acionistas minoritários pode ser um papel da CVM. Garantir a qualidade técnica dos serviços pode ser atribuição da ANATEL. Preservar o ambiente competitivo é a meta do CADE. Tutelar o consumidor é a função dos PROCONs. Oferecer soluções rápidas e equânimes é o que visam os árbitros internacionais. Não é difícil prever que, diante da fragmentação dos valores em jogo, o "interesse público" e o regime jurídico dos "serviços públicos" de telecomunicações – que, sem dúvida, devem ser observados em todos esses âmbitos – serão temperados e filtrados ao sabor das exigências desses diversos espaços jurídicos.[196]

E é justamente em meio a esses diferentes aspectos do interesse público que deve ser tutelado, que os conceitos

---

196. CAMPILONGO, Celso Fernandes. Serviço público e regulação sistêmica. In: *Direito e Diferenciação Social*. São Paulo: Saraiva, 2011. Os destaques são do original.

definidos nas normas das agências ganham sua "especificidade", adaptando-se às peculiaridades que o papel legalmente estipulado das agências exige.

Um exemplo pode ser de boa valia para auxiliar a compreensão do que até aqui se afirmou. Tomemos um conceito como "poder de controle". Trata-se de termo que apresenta definição estipulada no art. 116 da Lei 6.404/76, a Lei das Sociedades Anônimas. Identificar o controle societário das concessionárias e tomar medidas a respeito de sua alteração são atribuições que se inserem no interior das competências da ANATEL, com o propósito de garantir o "bom funcionamento dos serviços públicos", como reconhece Arnoldo Wald:

> Não há, assim, qualquer dúvida quanto ao poder-dever da Agência Reguladora que, garantindo o bom funcionamento dos serviços públicos, tem legítimo interesse em verificar quem exerce o controle direito ou indireto da empresa concessionária. Cabe-lhe examinar se houve ou não mudança de controle, em qualquer nível, avaliando a idoneidade financeira e técnica de quem exerce de fato o poder na sociedade concessionária, sob pena de responsabilidade do Poder Concedente, por omissão no exercício do seu dever de fiscalização.[197]

Apoiando-se em seu poder normativo previsto no art. 19, incisos IV e X, bem como nas atribuições delimitadas nos arts. 19, XIX, 71, 97, 202 e 209, da LGT, que lhe incumbem de tomar medidas quanto a concentração e concorrência entre as empresas no setor das telecomunicações para garantir a qualidade do serviço público, a agência editou a Resolução 101/99, instituindo definições para os termos *"controladora"*, *"poder de controle"* e *"empresas coligadas"* que não coincidem com a extensão dos conceitos manejados na lei societária.

À primeira vista, tais comandos podem ser compreendidos como atentatórios das restrições expressas na decisão do

---

197. WALD, Arnoldo. Da competência das agências reguladoras para intervir na mudança de controle das empresas concessionárias. *Revista de Direito Administrativo*. Rio de Janeiro. n.229. jul./set. 2002. p.41.

Supremo Tribunal Federal, que subordina a liberdade estipulativa das agências aos termos das leis e decretos regulamentares, porém não é essa a percepção que se encontra na literatura especializada:

> [...] a diferença de tratamento entre a lei societária e as resoluções tem a ver com as diferentes finalidades e objetivos jurídicos por elas protegidos. Com efeito, a Lei 6.404, de 1976, tem por objetivo principal a proteção dos acionistas minoritários, ao passo que as normas do CADE e a Resolução da ANATEL focalizam a proteção da concorrência nos mercados, mais exatamente no dos serviços de telecomunicações. Não se pode falar, assim, de ilegalidade da resolução. As diferentes normas serão aplicadas dentro de seus respectivos campos de incidência, conforme as situações fáticas apresentadas no caso concreto.[198]

A licitude do exercício dessa liberdade estipulativa estaria condicionada à aplicação das definições para reger as relações sujeitas aos poderes da agência reguladora. Trata-se de especificidade de contexto que não anularia a definição da lei societária, que permaneceria aplicável às relações que aquela legislação regrasse, isto é, de acordo com a terminologia usada nesta pesquisa, estaríamos diante de diferentes contextos jurídicos.

Para examinar esse fenômeno, uma parte da doutrina se serve de instrumentos teóricos da "teoria de múltiplas ordens jurídicas" de Santi Romano, para examinar a formação de "ordenamentos setoriais", como fazem Floriano Azevedo Marques[199] e Alexandre Aragão, que assim explica:

---

198. NUSDEO, Ana Maria de Oliveira. Agências Reguladoras e Concorrência In: SUNDFELD, Carlos Ari (Coord.). *Direito Administrativo Econômico*. São Paulo: Malheiros, 2000. pp.177-178.

199. "[...] *até por força do impacto tecnológico e do desenvolvimento de setores da economia é importante que os operadores do Direito, comecem a entender a necessidade de trabalhar com a existência de subsistemas jurídicos dentro do ordenamento jurídico. Estes subsistemas jurídicos são parcelas do ordenamento jurídico pautadas por princípios, conceitos e estruturas hierárquicas próprias a determinado setor. Sendo assim, não há como tratar do setor de telecomunicações com a concepção do instrumento jurídico da concessão e da permissão que te- mos da época das estradas de ferro. [...] Entender esta ideia de subsistemas jurídicos significa abdicar de alguns conceitos e pressupostos que nós adquirimos da tradicional teoria do Direito público.* [...]"

LUCAS GALVÃO DE BRITTO

[...] convém alertar que não se deve encarar os ordenamentos setoriais dentro do tradicional esquema de "norma especial versus norma geral" (v. Item 12.8). Os ordenamentos setoriais envolvem aspectos muito mais amplos e complexos, atinentes à própria concepção e estruturação do Estado e do Direito, sendo possível, inclusive, concebê-los como subsistemas integrantes do sistema jurídico total, envolvendo questões de grande importância, teórica prática, concernentes às interpenetrações e reenvios entre os diversos subsistemas jurídicos parciais e destes com o sistema jurídico central. [...] Os ordenamentos setoriais incidem sobre os indivíduos ou empresas que pretendem desenvolver determinada atividade e que, para desenvolvê-la, necessitam de um prévio ato ou contrato administrativo que as habilitem, como autorizações licenças, permissões e concessões. Emitidos estes atos administrativos ou celebrados os contratos de concessão, ao mesmo tempo em que passam a poder desenvolver a atividade visada, são imersos no ordenamento setorial a ela concernente e, consequentemente, submetidas ao poder regulatório do órgão ou entidade respectiva.[200]

Conquanto desfrute de crescente popularidade entre os administrativistas, a premissa de múltiplas ordens jurídicas não se coaduna com o marco teórico fixado no início deste trabalho. Ademais, o argumento de que as agências configuram "fenômeno novo" que não poderia ser examinado pelo "esquema de norma especial versus norma geral", ou que se trata de um "ordenamento setorial que incide sobre certas relações jurídicas", ignora que tal "esquema" já é aplicado desde muito no direito para lidar com a polissemia de termos legais em diferentes contextos normativos, produzindo resultados semelhantes em cada um dos exemplos citados no item 2.1.3. deste Capítulo. Por essas razões, seguiremos com o emprego do critério da especialidade para justificar a instituição e aplicação dos dispositivos emitidos pelas agências reguladoras.

E aqui, faço um parênteses para dizer que nisso a doutrina clássica brasileira e, principalmente, a doutrina administrativista brasileira não possuem o desprendimento de alguns doutrinadores estrangeiros, como Giannini, como Cassese, como Gordillo, para observar este fenômeno." (MARQUES NETO, Floriano Azevedo. Direito das Telecomunicações e ANATEL. In: SUNDFELD, Carlos Ari (Coord.). *Direito Administrativo Econômico*. São Paulo: Malheiros, 2000, pp. 301 e 302).

200. ARAGÃO, Alexandre. *Agências Reguladoras e a evolução do direito administrativo econômico*. 3ª ed. Rio de Janeiro: Forense, 2013. pp. 197-198.

3. UNIDADE E ESPECIALIDADE CONCEPTUAL NO CÓDIGO TRIBUTÁRIO NACIONAL

Feita a digressão sobre como os enunciados definitórios se comportam nos diversos domínios do direito positivo brasileiro, identificamos em linhas gerais como atuam aquelas forças opostas que impelem *unidade* e *especificidade* conceptuais aos trabalhos legislativos e interpretativos. É chegado o momento de regressar ao exame do direito tributário.

Dada a ênfase dada ao processo de subsunção no modo de descrever a incidência das normas tributárias, não causa espanto algum que o tema da autonomia ou unidade conceptual tenha sido amplamente tratado na doutrina brasileira e estrangeira[201], consubstanciando valoroso aporte para esta pesquisa.

No contexto das discussões havidas no estudo do direito tributário brasileiro, o problema fora escrutinado em três momentos históricos diversos: (i) nas décadas de 50 e 60, antes da edição do Código Tributário Nacional, recebendo profunda influência da literatura francesa (em especial do debate famoso entre Trotabas e Geny[202]) e no alvorecer do estudo do direito tributário brasileiro; (ii) após o advento do Código Tributário Nacional e à luz dos arts. 109 e 110 do Código Tributário Nacional, dispositivos que explicitavam o relativo consenso estabelecido na primeira etapa e, especialmente após a Constituição de 1988, tratando até mesmo da *irrelevância* desses dispositivos à luz da existência de *conceitos constitu-*

---

201. Jean Pujol anota que o assunto foi escolhido como tema central da reunião de 1939 da International Fiscal Association (PUJOL, Jean. *L'aplication du droit privé em matière fiscale*. Paris: LGDJ, 1987. p.11) e segue atual à luz de novos desdobramentos na legislação de direito privado e de outros subdomínios jurídicos que se interpenetram nos conceitos do direito tributário, como tratamos na introdução desta pesquisa.

202. Os artigos foram traduzidos para o português e publicados, na década de 50, na Revista de Direito Administrativo. Sua influência sobre a doutrina brasileira pode ser percebida em textos como o de Amílcar Falcão (FALCÃO, Amilcar de Araújo. Interpretação e integração da lei tributária. *Revista de Direito Administrativo*, Rio de Janeiro, v. 40, p. 24-37, jan. 1955. ISSN 2238-5177. Disponível em: <https://is.gd/ZhSfRz>).

cionais que realizariam a repartição constitucional de competência; finalmente, (iii) com o advento do Código Civil de 2002, quando sobrevieram as discussões a respeito dos impactos da nova legislação sobre a interpretação dos negócios tributados e potenciais efeitos sobre a configuração das competências e normas jurídicas tributárias[203].

Em cada um desses momentos, a ênfase do estudo recaiu sobre um aspecto diverso do fenômeno da intertextualidade. No *primeiro* deles, esteve em pauta a intertextualidade interna[204], tratando de hierarquias entre os ramos do direito e aptidões funcionais de cada ramo; no *segundo*, a atenção se voltou a como a hierarquia dos veículos introdutores desses dispositivos normativos, notadamente o primado da supremacia constitucional, se fazia notar como limite ao exercício da competência dos legisladores, período fértil em decisões do Supremo Tribunal Federal pela constitucionalidade e inconstitucionalidade de definições legislativas que aumentavam o escopo de situações sujeitas à incidência de tributos; já o *terceiro* momento chamou atenção para como a diacronia do fenômeno jurídico pode interferir no processo de atribuição de sentido das palavras com que a constituição e a legislação expressam os conceitos tributários, tendo como correlato na experiência jurisprudencial a investigação dos negócios jurídicos estruturados pelos contribuintes à luz dos princípios da boa fé e de mecanismos como o "abuso de forma".

---

203. Deixo de fora os recentes influxos a respeito da interferência de conceitos econômicos ou contábeis, renovada nos últimos anos, por tratarem de relações interdisciplinares *externas*, isto é, que dizem respeito à interferência de textos não positivados como normas jurídicas pelo ordenamento. Trata-se, porém, de movimento que vem ganhando tração e que merece ser submetido a exame crítico mais detido.

204. Para nos valer da dualidade *interna/externa* de intertextualidade traçada por Paulo de Barros Carvalho: "é preciso dizer que a intertextualidade no direito se apresenta em dois níveis bem característicos: (i) o estritamente jurídico, que se estabelece entre os vários ramos do ordenamento (intertextualidade, interna ou intrajurídica); e (ii) o chamado jurídico em acepção lata, abrangendo todos os setores que têm o direito como objeto, mas o consideram sob ângulo externo, vale dizer, em relação com outras propostas cognoscentes, assim como a Sociologia do Direito, a História do Direito, a Antropologia Cultural do Direito, etc. (intertextualidade externa ou extrajurídica)." (CARVALHO, Paulo de Barros. *Direito Tributário Linguagem e Método*. São Paulo: Noeses, 2013. p.198).

A presente pesquisa pode tirar muito proveito das conclusões já firmadas nessas etapas anteriores, mas ainda carecerá de esclarecer outros pontos antes de se dedicar ao exame dos dados que poderão confirmar ou afirmar a hipótese inicialmente formulada.

De saída, o que se observa tanto no exame da literatura brasileira como da estrangeira, é que o debate – em todas essas fases históricas – vem travado sempre em torno da relevância dos "conceitos de direito privado". Deixam em aberto a possibilidade de definições de outros conceitos de direito público, traçados em outros quadrantes que não o tributário, interferirem no processo de atribuição de sentido das regras-matrizes de cada exação.

Para além disso, o uso de definições expedidas em normas de agências reguladoras traz a mesma discussão de sua legalidade de que já tratamos[205], para o direito tributário. Em matéria de tributos, entretanto, há pelo menos dois agravantes que colocam obstáculos razoáveis ao seu emprego: (i) o princípio da estrita legalidade tributária, uma vez que as resoluções não têm o *status* de lei, como já firmou o STF[206]; (ii) o princípio federativo, pois a extrapolação conceptual dessas definições, expedidas por autarquias federais[207], pode afetar a interpretação de normas tributárias instituídas por Estados e Distrito Federal (*e.g.* ICMS), bem como de Municípios (*e.g.* ISS).

Será, portanto, no exame dessas questões que nos concentraremos por ora.

---

205. Cf. Cap. 2. Item 4.

206. Cf. Cap. 2. Item 4.3.

207. No Cap. 2. Item 2.1. explico os motivos pelos quais limitei a pesquisa às normas expedidas por agências reguladoras federais, a despeito da existência de entes reguladores estaduais e municipais.

3.1 O "particularismo" do direito tributário e sua relação com os conceitos de direito privado

Se dispuséssemos ao longo de um eixo contínuo os vários modelos interpretativos que se encarregaram de examinar a relação entre os conceitos de direito tributário e de direito privado, encontraríamos nos extremos deste eixo, de um lado, (i) a ideia da *prevalência do direito privado*, pela qual nenhum enunciado definitório nas leis tributárias poderia ser construído em descompasso com as definições do direito privado; de outro, (ii) a *autonomia conceptual do direito tributário*, pelo qual nenhuma dependência haveria entre os conceitos do direito tributário e aqueles dos demais ramos[208]. Trata-se de correlatos, no direito tributário, daquelas duas forças que identificamos no item 1 deste capítulo.

Evidentemente, a maior parte dos estudos já produzidos sobre o assunto, em todas as três épocas que mencionei acima, se encontram em algum lugar *entre* esses extremos. Preponderam ideias que mitigam os extremos, tal como aquela exposta por Paulo Ayres Barreto:

> Reconhecer a unicidade [conceptual] do direito não autoriza o baralhamento de princípios específicos que regem cada um de seus ramos. Vale dizer, se o que se objetiva é resolver um problema de natureza tributária, são as regras e os princípios informadores desse ramo do direito que, em face de sua especificidade, devem ser aplicados.[209]

É na busca por uma "terceira via", que Geny compõe o seu "particularismo fiscal" em texto de 1931 que teve grande repercussão na doutrina brasileira, especialmente na década de 50, quando foi traduzido e publicado no Brasil. Tal posição justificaria

---

208. Para uma explicitação dessas correntes, cf. FALCÃO, Amilcar de Araújo. (FALCÃO, Amilcar de Araújo. Interpretação e integração da lei tributária. *Revista de Direito Administrativo*, Rio de Janeiro, v. 40, p. 24-37, jan. 1955. ISSN 2238-5177. Disponível em: <https://is.gd/ZhSfRz>. Acesso em 08.01.2017).

209. BARRETO, Paulo Ayres. *Planejamento Tributário. Limites Normativos*. São Paulo: Noeses, 2016. p.35.

> [...] entre a "autonomia" falaciosa e a "especificidade" banal, introduzir um têrmo médio, para designar o que pode conter de verdadeiro e justo a fórmula, voluntariamente exagerada, que deliberamos repelir. [...] um "particularismo do direito fiscal" , que se não confunde com a especificidade inata de qualquer ramo do direito, e que encontra o seu princípio e sua razão de ser no próprio objeto de suas preceituações.[210]

É interessante notar que o texto de Geny vem repleto de referências ao direito positivo francês, tomando-os como evidências que dão suporte a seus argumentos. O mesmo cuidado não se percebeu na "importação" de suas noções, quando os autores brasileiros se ocuparam de buscar uma solução numa elusiva "natureza" ou "essência" do fenômeno tributário e que justificasse, *a priori*, seu diferente modo de *ser*, como se tal maneira de existir fosse imanente ao fenômeno tributário, em *qualquer* ordenamento jurídico.

Nesse ponto, vale notar o pensamento de Amilcar de Araújo Falcão, quando aponta, com precisão que as desavenças entre os doutrinadores em busca de fundamentos *a priori*

> Parece que o que há é simples desentendimento na fixação dos elementos capazes de solucionar o problema. Nem há uma *interpretatio abrogans* [autonomia do direito tributário], nem o intérprete tem uma função corretora ou corretiva da lei tributária, ou da lei em geral [prevalência do direito privado], nem há uma interpretação própria, peculiar ou inerente ao direito tributário ["particularismo" de Geny]. O que ocorre é, simplesmente, uma técnica especial, como também acontece nas demais disciplinas jurídicas, quanto ao modo de considerar os fenômenos, fatos ou situações relevantes para a tributação, e de pesquisar-lhes o conteúdo, a essência.[211]

---

210. GENY, François. O particularismo no direito fiscal. *Revista de Direito Administrativo*, Rio de Janeiro, v. 20, p. 6-31, jan. 1950. ISSN 2238-5177. Disponível em <https://is.gd/6tFF9h> Acesso em 08.01.2017 p.8.

211. FALCÃO, Amilcar de Araújo. Interpretação e integração da lei tributária. *Revista de Direito Administrativo*, Rio de Janeiro, v. 40, p. 24-37, jan. 1955. ISSN 2238-5177. Disponível em: <http://bibliotecadigital.fgv.br/ojs/index.php/rda/article/view/14587>. Acesso em 08.01.2017

De fato, não sucede com o direito tributário algo diverso do que acontece com outros subdomínios do fenômeno jurídico. Ele também tem uma técnica especial de interpretação e o esforço seria melhor empreendido se buscássemos os "elementos capazes de solucionar o problema", reconhecendo o que há de especial no modo do direito tributário sopesar os acontecimentos que juridiciza.

A concordância com o autor para por aí. Enquanto ele segue seu argumento para justificar uma essência "econômica" do fatos jurídico-tributários, que transcendesse o formalismo do direito privado na busca por uma *intentio facti*, nós seguiremos trilha diversa, concentrando a atenção somente nos dados que nos oferece o próprio direito positivo, sem "confundir os métodos"[212], nem tentar enxergar "fatos puros"[213].

Com efeito, se nos ativermos ao dado jurídico, não há nada que justifique, *a priori*, uma posição quer de prevalência ou de subserviência do direito tributário aos demais ramos jurídicos. Qualquer preferência nesse sentido somente poderia ser apontada se houvesse, nos textos de direito positivo, alguma prescrição a estipulando. Mesmo considerada a implicitude dos enunciados que versam sobre a competência tributária e a interpretação de suas leis, inexiste um tal dispositivo no ordenamento jurídico brasileiro que atribua uma tal prevalência.

---

212. BECKER, Alfredo Augusto. *Teoria Geral do Direito* Tributário. São Paulo: Noeses, 2010. p.5.

213. "Está presente nessa atividade tanto a objetivação do sujeito como a subjetivação do objeto, em pleno relacionamento dialético. Isso impede a concepção do "fato puro", seja ele econômico, histórico, político, jurídico ou qualquer outra qualidade que se lhe queira atribuir. Tais fatos, como bem salientou Lourival Vilanova, são elaborações conceptuais, subprodutos de técnicas de depuração de ideias seletivamente ordenadas. Não acredito ser possível, por isso mesmo, isolar-se, dentro do social, o fato jurídico, sem uma série de cortes e recortes que representem, numa ascese temporária, o despojamento daquele fato cultural maior de suas colorações políticas, econômicas, éticas, históricas etc., bem como dos resquícios de envolvimento do observador, no fluxo inquieto de sua estrutura emocional." (CARVALHO, Paulo de Barros. *Direito Tributário Linguagem e Método*. 5ª ed. São Paulo: Noeses, 2013. p.200).

No entanto, há comandos jurídicos que atribuem aos conceitos de direito tributário um modo próprio de ordenar os dados recortados da experiência social para melhor moldar a incidência de suas normas. Muito ao contrário: existem dispositivos que cuidam exatamente de tal matéria, disciplinando as relações de intertextualidade com conceitos definidos em outros quadrantes do direito positivo. É o que acontece na implicitude dos enunciados constitucionais que estabelecem a divisão de competências, nas prescrições gerais da Lei Complementar 95/98, na LINDB e também na literalidade de alguns enunciados do próprio CTN, como sucede no teor dos arts. 109, 110, 114, 116, 118 e 123.

É sobre a compreensão desses comandos que devem estar fundadas as prescrições a respeito do relacionamento entre as definições utilizadas no direito tributário e nos demais subdomínios normativos. Para que possamos admitir qualquer peculiaridade do direito tributário no modo lidar com os conceitos jurídicos, será preciso apontar justificativa no próprio direito positivo e não em fatores extrínsecos a ele[214].

Nesse contexto, ganham especial relevância os dispositivos do Código Tributário Nacional que regulam a interpretação dos conceitos utilizados em leis tributárias, notadamente os já mencionados arts. 109 e 110. O esforço a partir de agora concentrar-se-á na exegese desses dispositivos para, ao final deste capítulo, identificar (i) a possibilidade de empregar definições de outros subdomínios do direito positivo na interpretação das normas tributárias; (ii) se as prescrições dos arts. 109 e 110 se limitam ao direito privado ou podem ser estendidas para abranger conceitos definidos em outros setores do direito público; (iii) quais limites à liberdade estipulativa do

---

214. Como, a propósito, repreendia François Geny ao tratar da corrente da autonomia do direito fiscal: "[...] *no fundo da teoria da "autonomia do direito fiscal", aquilo que a motiva intrinsecamente, descobre-se a idéia de um poder fiscal, admitido por si próprio, fora da autoridade legislativa propriamente dita.*" (GENY, François. O particularismo no direito fiscal. *Revista de Direito Administrativo*, Rio de Janeiro, v. 20, p. 6-31, jan. 1950. ISSN 2238-5177. Disponível em <https://is.gd/6tFF9h>. Acesso em 08.01.2017. p.25).

legislador fiscal podem ser traçados por definições de outros subdomínios do direito brasileiro; e (iv) de que modo essa liberdade estipulativa interfere na interpretação da regra-matriz de incidência tributária.

3.2 A intertextualidade interna do direito tributário nos contornos do ordenamento brasileiro

3.2.1 A especificidade conceptual na prescrição do art. 109 do CTN

O art. 109 é um dos dispositivos mais duramente criticados de todo o Código. Sua redação é tortuosa e a expressão "efeitos tributários" sugere ambiguidade delicada, sugerindo (i) a especialidade conceptual na própria definição dos conceitos manejados na tributação, como costuma acontecer na fórmula: "para efeitos tributários, considera-se *termo-x* com o *conceito-y*"; ou (ii) a impossibilidade de que as definições dos conceitos sejam tocadas, mas permitindo ao legislador tomar o acontecimento, tal como já caracterizado no direito privado, na condição de "fato gerador" e a ele imputar uma consequência diversa, tal como aconteceria com a prescrição no direito tributário, que teria o efeito de extinguir o crédito tributário (art. 156, V, CTN) ou com as convenções particulares sobre responsabilidade pelo pagamento de quantias, que não alterariam a sujeição passiva tributária (art. 123, CTN).

A literatura especializada vergasta esse dispositivo intensamente, como exemplifica o comentário de Ricardo Lobo Torres:

> O art. 109 é ambíguo e contraditório, pois pretende hierarquizar métodos de interpretação de igual peso, sem optar com clareza pelo sistemático ou pelo teleológico. Demais disso, mistura posições teóricas divergentes, se filia a correntes doutrinárias conflitantes e emburilha as consequências das opções metodologias, confundindo as relações entre o Direito Tributário e o Privado e entre as diversas fontes do Direito.[215]

---

215. TORRES, Ricardo Lobo. *Normas de interpretação e integração no direito*

TRIBUTAR NA ERA DA TÉCNICA

O professor fluminense enxerga no dispositivo uma diretriz que imbrica diversos modelos interpretativos, para então dar preferência a uma interpretação econômica[216] das disposições tributárias, em detrimento da interpretação sistemática, da literal e da teleológica, bem ao gosto de Amilcar de Araújo Falcão[217] ou de Hugo de Brito Machado[218] e rechaçada por muitos outros[219].

Ao fim, Ricardo Lobo Torres, afirma que inexistiria um único método correto de interpretação das normas jurídicas tributárias, carecendo sua compreensão da cominação de

---

tributário. Rio de Janeiro: Renovar, 2000. p.188.

216. Com efeito, tal discussão havia se materializado no projeto do Código Tributário Nacional, que em seu art. 74 prescrevia: "Art. 74. A interpretação. da legislação. tributária visará sua aplicação. não só aos atos, fatos ou situações jurídicas nela nominalmente referidos, como também àqueles que produzam ou sejam suscetíveis de produzir resultados equivalentes." Tal dispositivo *não* foi incorporado à legislação aprovada pelo Congresso e, mesmo ele, continha importante ressalva no parágrafo único, inciso II, chamando atenção para a preservação das formas jurídicas já consolidadas nos outros quadrantes do "direito aplicável": "Parágrafo único. O disposto neste artigo não se aplica: [...] II. Aos impostos cujo fato gerador seja a celebração de negócio, a prática de ato, ou a expedição de instrumento, formalmente caracterizados na conformidade do direito aplicável segundo a sua natureza própria."

217. "A primeira hipótese ocorre quando o fato gerador coincide com um conceito já consagrado em outro ramo do Direito, em alguma ciência ou mesmo na linguagem comum. Em tal caso, ao intérprete e ao aplicador cumprirá colher as características do fato gerador na disciplina jurídica ou científica da qual a sua definição foi tomada, com a advertência, porém, de que para tanto serão levados em consideração princípios fundamentais de Direito Tributário e, entre eles, o da chamada interpretação econômica da lei tributária." (FALCÃO, Amilcar de Araújo. *Fato Gerador da Obrigação Tributária*. São Paulo: Noeses, 2013. p. 19.)

218. "A interpretação econômica e o uso de institutos, conceitos e formas do direito privado são assuntos inseparáveis". (MACHADO, Hugo de Brito. *Comentários ao Código Tributário Nacional*. Vol. II. São Paulo: Atlas, 2009. p.232)

219. Além do próprio Ricardo Lobo Torres, a enumeração seria por demais extensa e certamente omitiria alguns autores, pois é significativamente majoritária entre os estudiosos brasileiros. Por isso, permito-me restringir a uma referência de Alfredo Augusto Becker: "A doutrina da interpretação do Direito Tributário, segundo a realidade econômica, é filha do maior equívoco que tem impedido o Direito Tributário evoluir como Ciência Jurídica. Esta doutrina, inconscientemente, nega a utilidade do Direito, por- quanto destrói precisamente o que há de jurídico dentro do Direito Tributário." (BECKER, Alfredo Augusto. *Teoria Geral do Direito Tributário*. São Paulo: Noeses, 2010. p.138)

vários deles, a depender da exação[220] tratada. Assim concluindo a respeito do art. 109:

> [...] não faria a menor falta o art. 109, se fosse extirpado do CTN, pela incongruência de se aplicar apenas aos conceitos da legislação ordinária, pela sua ambigüidade e pelo refluxo das teorias da interpretação econômica.[221]

Com efeito, poucos são os dispositivos do Código que despontam tanto desentendimento entre os estudiosos quanto o art. 109. Nele, os autores enxergam toda sorte de preferência do legislador por um ou outro método interpretativo. Dissecados os argumentos e os debates travados, trata-se de motivações que se apoiam mais em razões extrajurídicas do que, propriamente, nas prescrições do ordenamento.

Bem mais moderada e adequada às premissas desta pesquisa são as conclusões obtidas por outros autores que enxergam, nas definições estabelecidas no direito privado um papel integrativo, cabendo ao intérprete valer-se delas sempre que a lei tributária tenha feito referência a esses conceitos, mas não tenha estabelecido uma definição especial para eles. É o

---

220. "A interpretação do direito tributário se subordina ao pluralismo metodológico. Inexiste prevalência de um único método. Tampouco ocorre a duplicidade imaginada pelo CTN, em que o método sistemático se aplica aos conceitos de estatura constitucional e o teleológico aos conceitos da legislação ordinária. O que se observa é a pluralidade e a equivalência, sendo os métodos aplicados de acordo com o caso e com os valores ínsitos na norma: ora se recorre ao método sistemático, ora ao teleológico, ora ao histórico, até porque não são contraditórios, mas se complementam e intercomunicam. No direito tributário os métodos variam de acordo até com o tributo a que se aplicam: os impostos sobre a propriedade postulam a interpretação sistemática, porque apoiados em conceitos de Direito Privado; os impostos sobre a renda e o consumo abrem-se à interpretação econômica, porque baseados em conceitos elaborados pelo próprio Direito Tributário ou em conceitos tecnológicos. Os métodos de interpretação, por conseguinte, devem ser estudados dentro da visão pluralista. Entre eles não existe hierarquia. Têm igual pelo, variando a sua importância de acordo com o caso e com as valorações jurídicas na época da aplicação, como sempre reconheceu a doutrina não extremada, seja no Direito em geral, seja nos ramos especializados do Constitucional e do Tributário." (TORRES, Ricardo Lobo. *Normas de interpretação e integração no direito tributário*. Rio de Janeiro: Renovar, 2000. pp. 205-207).

221. *Op. Cit.* p.205.

que fazem, dentre outros, Luciano Amaro[222] e Paulo de Barros Carvalho. Nas palavras deste último:

> Não aparecem os princípios gerais de direito privado na relação dos recursos integrativos postos à disposição do aplicador da lei, nos casos de lacunas. Acolheu-se a diretiva de recomendar sua utilização para a pesquisa da definição, do conteúdo e do alcance dos institutos, conceitos e formas que componham a estrutura das normas tributárias, excluindo-se, expressamente, a demarcação dos efeitos jurídicos específicos dos tributos. Tais efeitos a legislação tributária pretende regrar com inteira primazia. Esse é o teor do art. 109.
>
> Pondere-se, todavia, que na própria idealização das consequências tributárias o legislador muitas vezes lança mão de figuras de direito privado. Sempre que isso acontecer, não havendo tratamento jurídico-tributário explicitamente previsto, é evidente que prevalecerão os institutos, categorias e formas do direito privado.[223]

De fato, se nos ativermos às prescrições do ordenamento jurídico brasileiro, preferindo a investigação do texto legislado às ponderações de matizes extrajurídicas, tentando nos aproximar ao máximo da mensagem deôntica, não seria outra a interpretação do art. 109. Se tomamos as definições como enunciados que explicitam o conjunto de propriedades que permitem subsumir um elemento à classe formada por um conceito, as definições de direito privado deverão ser aplicadas ali onde não se encontrarem definições próprias do direito tributário. Essa a diretriz do art. 109 no que concerne às definições jurídicas.

Trata-se de expressão que prestigia a autonomia conceptual do direito tributário e que, sem subordiná-la ao direito privado, coloca as definições estabelecidas naquele subdomínio como balizas para suprir os vazios que a falta de definições tributárias proporcionasse.

---

222. AMARO, Luciano. *Direito Tributário brasileiro*, São Paulo: Saraiva, 2013, p. 214/215.

223. CARVLAHO, Paulo de Barros. *Curso de Direito Tributário*. São Paulo: Saraiva, 2017. pp. 122-123.

No entanto, como vimos a propósito do item 1 deste capítulo, para que o ordenamento cumpra sua função prescritiva sem perder a consistência do conjunto, comprometendo aquele mínimo de eficácia social que precisa ter para se afirmar como ordem jurídica, a noção de autonomia conceptual é uma das forças que deve ser equilibrada com a unidade terminológica do ordenamento jurídico.

Admitíssemos a autonomia conceptual dos textos de direito tributário sem sopesar a *unidade conceptual*, comprometer-se-ia sobremaneira a previsibilidade de solução de litígios[224] a respeito da adequada subsunção no contexto de uma incidência tributária, e, ainda, a higidez do próprio sistema constitucional de repartição das competências. É por isso que muitos autores interpretam o art. 109 *sempre* em conjunto com o art. 110. Tal modo de observar os dispositivos, deriva do projeto do Código, que já os veiculava em um único dispositivo, seu art. 76, como já vimos[225]. Passemos então ao exame do art. 110.

3.2.2 Art. 110 do CTN e os limites à liberdade estipulativa postos pelos conceitos constitucionais tributários

Pois bem, a interpretação combinada[226] dos arts. 109 e 110

---

224. É nessa linha que argumenta Jean Pujol, em observação que cabe também ao direito brasileiro, como veremos nos capítulos subsequentes "Il n'existe, on le verra, aucune prévisibilité de la solution d'un litige d'ordre fiscal si l'on admet le principe de l'autonomie d'interprétation à l'égard du droit privé." (PUJOL, Jean. *L'aplication du droit privé em matière fiscale*. Paris: LGDJ, 1987. p.13).

225. Cf. Item 1, deste capítulo.

226. Ricardo Lobo Torres chama essa interpretação de lógico-sistemática: "De acordo com a interpretação sistemática os conceitos e institutos jurídicos devem ser compreendidos em consonância com o lugar que ocupam ou com o sistema de que promanam, com vista à unidade do Direito, o que equivale a dizer que os conceitos do sistema do Direito Privado empregados no Direito Tributário conservam o sentido originário. Essa interpretação às vezes se chama lógico-sistemática, pela importância que nela adquirem os elementos lógicos e até lingüísticos" (TORRES, Ricardo Lobo. *Normas de interpretação e integração no direito tributário*. Rio de Janeiro: Renovar, 2000. p 191), para mais adiante expor sua discordância: "A interpretação lógico-sistemática, com os seus consectários, denota sobretudo a preocupação exagerada com a segurança jurídica e a legalidade." (Op.Cit. p.196).

TRIBUTAR NA ERA DA TÉCNICA

faz acrescentar uma importante ressalva à liberdade estipulativa na definição dos conceitos tributários, como anota Paulo de Barros Carvalho:

> [...] a liberdade de que desfruta o legislador tributário para disciplinar os efeitos jurídicos inerentes aos tributos encontra um obstáculo poderoso e definitivo. É-lhe vedada a possibilidade de alterar a definição, o conteúdo e o alcance de institutos, conceitos e formas de direito privado, utilizados, expressa ou implicitamente, pela Constituição Federal, pelas Constituições dos Estados, ou pelas Leis Orgânicas do Distrito Federal ou dos Municípios, para definir ou limitar competências tributárias. Assim predica o art. 110 da Lei 5.172/66.[227]

Com efeito, não houvesse tal limite o trabalho de demarcação das competências desenvolvido no Texto Constitucional seria esvaziado, tal como pondera Heleno Tôrres:

> Pudessem a União, Distrito Federal, Estados ou Municípios manipular os conceitos que servem à repartição de competências, mediante leis suas, modificando os tipos prescritos, restaria prejudicada a hierarquia normativa (da Constituição em face das leis) e os princípios garantísticos de certeza e segurança jurídica. Trata-se de reforço ao quanto já se dessome da própria Constituição, mas que é sempre importante. É a mais lídima afirmação das funções de norma geral em matéria de legislação tributária, prescrita pelo art. 146, I, da CF, em favor da eliminação de eventuais conflitos de competência, em matéria tributária.[228]

A prescrição do art. 110 serviria ao propósito de objetivar um limite à liberdade estipulativa do legislador que não teria sido explicitado no comando do art.109. Esse limite deriva da própria ordem constitucional, tratando o dispositivo do código apenas de espelhá-lo. Justamente por essa procedência direta do altiplano do sistema jurídico, muitos autores dizem que o enunciado do art. 110 seria repetitivo e supérfluo[229].

---

227. CARVALHO, Paulo de Barros. *Curso de Direito Tributário*. São Paulo: Saraiva, 2017. p.123.

228. TÔRRES, Heleno. *Direito Tributário e Direito Privado*. São Paulo: RT, 2003. p.81.

229. *"A constitucionalização dos conceitos de Direito Privado, por conseguinte, dá-lhes*

LUCAS GALVÃO DE BRITTO

Seguindo a mesma toada, a jurisprudência do STF, apontando essa natureza constitucional do limite explicitado no art. 110, considera sua redação "pedagógica"[230]; já na jurisprudência do STJ[231], o mesmo fundamento da constitucionalidade da matéria também já foi utilizado, diversas vezes[232], para justificar a incompetência do Tribunal na matéria.

Se bem atinarmos para o que todas essas notas têm em comum, é de ver que se compreende a aplicabilidade do dispositivo no contexto da atividade legiferante[233], tolhendo a liberdade estipulativa *do legislador* que viria com a autonomia conceptual, derivada dos princípios constitucionais específicos da matéria tributária e explicitada no art. 109 do CTN.

---

a dimensão pluralista e interdisciplinar e lhes publiciza a compreensão, o que torna supérfluos e contraditórios dispositivos como o art. 110 do CTN." (TORRES, Ricardo Lobo. *Normas de interpretação e integração no direito tributário*. Rio de Janeiro: Renovar, 2000. p.234). Além do professor fluminense e dos dois autores citados acima, aponto a título não exaustivo Geraldo Ataliba, Luciano Amaro, Roque Antonio Carrazza, Ricardo Lobo Torres, Hugo de Brito Machado e Paulo Ayres Barreto.

230. "[...] TRIBUTÁRIO - INSTITUTOS - EXPRESSÕES E VOCÁBULOS - SENTIDO. A norma pedagógica do artigo 110 do Código Tributário Nacional ressalta a impossibilidade de a lei tributária alterar a definição, o conteúdo e o alcance de consagrados institutos, conceitos e formas de direito privado utilizados expressa ou implicitamente. [...]" (STF. RE 390840, Relator(a): Min. MARCO AURÉLIO, Tribunal Pleno, julgado em 09/11/2005, DJ 15-08-2006).

231. "[...] 2. O art. 110 do CTN estabelece restrições ao exercício da competência tributária pelo legislador do Ente Federativo, matéria nitidamente constitucional, razão pela qual a competência para o exame de sua violação compete ao Supremo Tribunal Federal. Precedentes. [...]" (STJ. REsp 1168038/SP – Recurso Repetitivo, Rel. Ministra ELIANA CALMON, PRIMEIRA SEÇÃO, julgado em 09/06/2010, DJe 16/06/2010).

232. Nesse sentido: EDcl no AREsp 241.283/PR, Rel. Ministro CASTRO MEIRA, SEGUNDA TURMA, julgado em 06/12/2012, DJe 04/02/2013; REsp 1271027/PB, Rel. Ministra ELIANA CALMON, SEGUNDA TURMA, julgado em 18/10/2012, DJe 29/10/2012; REsp 1191171/ES, Rel. Ministro CASTRO MEIRA, SEGUNDA TURMA, julgado em 22/06/2010, DJe 03/08/2010 e AgRg no Ag 1078256/RS, Rel. Ministro HAMILTON CARVALHIDO, PRIMEIRA TURMA, julgado em 15/06/2010, DJe 01/07/2010.

233. Explicita essa percepção Sacha Calmon Navarro Coelho ao dizer que somente o legislador tem liberdade estipulativa, nunca o aplicador (COELHO, Sacha Calmon Navarro. *Curso de Direito Tributário Brasileiro*. São Paulo: Saraiva, 2015. pp.564-565).

TRIBUTAR NA ERA DA TÉCNICA

Há de se notar, entretanto, que tal como fizemos com a leitura dos dispositivos da Lei Complementar 95/98, será possível atribuir às prescrições dos arts. 109 e 110 *uma segunda leitura*, não a desdizer o que já está bem estabelecido na doutrina e jurisprudência, mas que lhe venha a complementar. Trata-se de uma leitura que chama atenção para a participação desses dispositivos dentro do processo de interpretação das normas jurídicas tributárias, identificando *também o intérprete* como seu destinatário.

3.2.2.1 *O intérprete como destinatário das prescrições do art. 110 do CTN*

A redação do art. 110 do CTN principia com a expressão "*a lei não pode* [...]". Ocorre que a lei, percebida enquanto diploma normativo, é um objeto inanimado que nada *faz*, muito menos *pode* ou *não pode* fazer qualquer coisa. Lembrando que o direito se destina à prescrição de *condutas*, é preciso compreender os termos do art. 110 identificando as condutas que a remissão ao termo "lei" pode implicar.

Pois bem, o texto legal ou é o produto obtido ao fim de uma conduta enunciativa do legislador (o processo legislativo) ou será o ponto de partida para a interpretação feita por aqueles que pretendem aplicar ou simplesmente conhecer os comandos legislados.

Desse modo, a referência no art. 110 à "lei" como sujeito da proibição pode ser compreendida como uma metonímia dessas duas atividades que tomam o texto legal por objeto. Assim, a prescrição do dispositivo expressaria: (i) importante limite à *atividade criativa do legislador*, que não pode na urdidura de seu texto utilizar os termos legais para fazer incidir o tributo para além dos contornos conceptuais firmados na norma constitucional de competência, tal como examinam a maior parte da doutrina e jurisprudência; e, num segundo ponto de vista, (ii) exprimindo *diretriz para o intérprete* que, durante o processo de construção de sentido da norma

127

tributária a partir de um acervo legislativo, deve cingir o exame das significações possíveis às definições do direito privado, que teriam sido incorporadas nos conceitos constitucionais quando de sua enunciação pelo Constituinte.

Se considerarmos essas duas perspectivas, perceberemos que o argumento da supremacia constitucional dos enunciados da norma de competência somente responde *parcialmente*[234] o problema da interpretação do art. 110. Haveria uma segunda dimensão do comando positivado no Código, reforçando a força do princípio da *unidade conceptual* na interpretação do direito tributário e dando relevância às definições do direito privado, fornecendo ao intérprete critério para delimitar a extensão dos conceitos utilizados pelo Constituinte.

Assim percebido, o comando combinado dos arts. 109 e 110 do Código, instala orientação voltada ao intérprete, para que

> [...] a interpretação de lei tributária que tenha aceitado princípio, conceito, categoria ou instituição, de outro ramo do Direito (portanto, já jurídico), no momento em que o intérprete cumpre com a exigência de integrar e completar a ideia deverá lembrar-se (salvo expressa disposição legal) que a ideia resultante é idêntica àquela ideia que resultou quando, no outro ramo do Direito, também se fez a integração e complementação da ideia contida na linguagem (fórmula legislativa); por exemplo: venda, locação, empreitada, incorporação, propriedade, usufruto, fruto, empréstimo, móvel, imóvel, condomínio, título ao portador, herdeiro, sucessão comercial, dividendo, etc.[235]

---

234. Assim também considera Humberto Ávila, quando afirma que no Brasil, essa questão da liberdade estipulativa do legislador tributário e da interpretação dos conceitos legislados resolve-se *"parcialmente no plano hierárquico, na medida em que a Constituição, quando trata de determinados temas, o faz em nível constitucional e, por isso, não permite que o legislador infraconstitucional possa modificar suas prescrições."* (ÁVILA, Humberto. "Eficácia do Novo Código Civil na Legislação Tributária". GRUPENMACHER, Betina Treiger. (Coord.). *Direito Tributário e o novo Código Civil*. São Paulo: Quartier Latin, 2004. p. 68).

235. BECKER, Alfredo Augusto. *Teoria Geral do Direito Tributário*. São Paulo: Noeses, 2007. p.127.

Essas notas, no entanto, não exaurem o delicado relacionamento entre unidade e autonomia conceptual dentro do direito tributário brasileiro. Conquanto os dispositivos até aqui referidos fixem certas diretrizes quanto à aplicabilidade de definições de direito privado na interpretação da legislação tributária e tracem limites à liberdade estipulativa do legislador, restam ainda abertas algumas questões cujo exame é indispensável para o seguimento desta pesquisa: (i) que acontece se as definições forem fixadas *fora* do direito privado? (ii) que reflexos se produziriam na norma jurídica tributária a partir da *mudança* no teor dessas definições?

4. SÍNTESE ENTRE UNIDADE E AUTONOMIA CONCEPTUAL NO DIREITO TRIBUTÁRIO BRASILEIRO

Do que vimos até aqui, é possível afirmar que aquelas duas forças que trabalhamos no início deste capítulo, unidade e autonomia conceptual, fazem-se notar nos vários dispositivos que regulam a interpretação do direito tributário. Por isso mesmo, as posturas extremadas a respeito da unidade ou autonomia conceptual devem ser mitigadas.

Com efeito, extremada a posição da autonomia conceptual, comprometer-se-ia a divisão constitucional de competências, a clareza e precisão dos comandos fiscais, atingindo, ainda, os critérios de solução de controvérsias quanto à aplicabilidade dos conceitos a situações objetivas. Por outro lado, firmar uma posição radical pela unidade conceptual do fenômeno jurídico, insistindo que um termo jurídico somente tenha uma única significação em toda a extensão do ordenamento, sobre ser uma condição utópica[236], faz pouco caso das

---

236. Hart, ironicamente, chamou a isso de "paraíso dos conceitos": "*A perfeição deste processo é o «paraíso de conceitos» dos juristas; atinge-se quando a um termo geral é dado o mesmo significado, não só em cada aplicação de uma dada regra, mas sempre que aparece em qualquer outra regra no sistema jurídico. Nenhum esforço é então exigido alguma vez ou é feito pra interpretar o termo à luz das diferentes questões em jogo, nas suas variadas repetições.*" (HART, Herbert L. A. *O conceito de Direito*. Trad. A. Ribeiro Mendes. Lisboa: Calouste Goulbenkian, 1986. p.143).

particularidades do subsistema constitucional tributário e ignora que a formação de acepções para um único termo legislado é uma constante nos vários setores do direito, inclusive no direito tributário.

Há de se buscar uma solução que contemple a especificidade, sem ultrapassar os limites firmados na Carta para o exercício da competência tributária. Nesse sentido, as conclusões a que chegou a doutrina a respeito da interpretação "lógico-sistemática" dos arts. 109 e 110 do CTN mostram-se bem apropriadas, ainda que deixem algumas questões em aberto, como visto.

Cuidemos dessas questões e firmemos uma hipótese de trabalho para poder proceder, no próximo capítulo, ao exame de como as definições expedidas por agências reguladoras têm participado do processo legislativo e interpretativo do direito tributário brasileiro.

4.1 *Regra de incorporação "prima facie" de conceitos oriundos de outros subdomínios jurídicos*

É possível que o legislador tributário utilize termos já conhecidos no vocabulário jurídico para se referir a conceitos diversos nos vários subdomínios jurídicos[237]. Entretanto, vimos que o art. 11 da Lei Complementar 95/98 e o art. 109 do CTN veiculam *presunções* de que as palavras da lei tributária assumam o mesmo sentido já definido em outro quadrante do direito, no "sentido comum" ou no "técnico"[238].

Essa presunção que ora nos referimos foi chamada "regra de incorporação *prima facie* dos conceitos preexistentes" por Andrei Pitten Veloso, que assim a enuncia:

---

237. Cf. item 2.2, neste capítulo.

238. Cf. itens 2.1. e 3.2.1., também deste capítulo.

130

> Com a regra de que há uma incorporação *prima facie* dos conceitos preexistentes, trabalhará o intérprete, naqueles casos em que há apenas um conceito prévio, com a hipótese inicial de que esse significado tenha sido acolhido pela Constituição, sujeitando-a a uma exaustiva comprovação mediante um profundo lavor de interpretação da Constituição, com a finalidade de constatar se há efetivamente um conceito autônomo e se, em caso positivo, a Constituição, no enunciado em consideração, o acolheu. Tendo sido acolhido um conceito autônomo, obviamente a tese inicial terá de ser afastada, já que a consideração *prima facie* está sujeita à superação por idôneas razões em sentido contrário. Portanto, ao investigar o conceito constitucional-tributário de, v.g., direitos reais (cujo signo lingüístico correlato consta no art. 156, II, da CF), não deverá o intérprete pretender desenvolver, anteriormente à consideração do conceito privado, um conceito constitucional de direitos reais. Deverá apenas verificar se o conceito já consolidado no direito privado foi integralmente acolhido pela Constituição ou se, em caso contrário, foi adotado um significado parcial ou totalmente diverso.[239]

Com a expressão "idôneas razões", refere-se o autor às ressalvas que também encontram eco na legislação já citada, isto é, à presença de enunciados explícitos ou implícitos no texto jurídico que permitam acusar a existência de uma definição específica para fins tributários.

O que não se permite, seja ao legislador na exegese da norma de competência, seja ao intérprete na compreensão da lei instituidora de um tributo, é *pressupor* a existência de conceito *novo* (i.e. com proporções diversas das estabelecidas no "sentido comum", na terminologia "técnica" ou em outros domínios do ordenamento jurídico), sem apontar para enunciados de direito positivo que justifiquem esses distintos contornos definitórios.

Ao contrário do que a literalidade dos arts. 109 e 110 do CTN pode sugerir, a pesquisa pelos termos da definição dos conceitos tributários não se deve restringir aos textos de direito privado. Podem as definições dos conceitos incorporados à legislação

---

239. VELLOSO, Andrei Pitten. *Conceitos e competências tributárias*. São Paulo: Dialética, 2005. p.268.

tributária provir de outros subdomínios do fenômeno jurídico, como o direito administrativo e o econômico, por exemplo.

De fato, como anota Ricardo Lobo Torres, muitas das definições utilizadas no contexto da tributação provêm do direito administrativo:

> Quando legislador fiscal vai buscar os conceitos no Direito Civil, conservam estes o seu sentido primitivo, limitado pela sua possibilidade expressiva, além da qual começa a distorção ou o abuso da forma jurídica; possuem originariamente significação econômica, sendo objeto de interpretação finalista; entre os conceitos de Direito Civil e Tributário há uma certa harmonia orquestrada pelas normas e princípios constitucionais, especialmente os que garantem a liberdade de propriedade. A mesma coisa acontece com o Direito Administrativo, que também fornece conceitos ao Direito Tributário, para utilização dentro dos limites de sua expressividade sob pena de se caracterizar o abuso da forma jurídica.[240]

Em igual sentido, Hugo de Brito Machado, vai além para fazer notar que os conceitos utilizados pela Constituição devem ter sua definição investigada "na área do Direito à qual se refira a norma da Constituição", *in verbis*:

> E como o legislador não pode alterar os conceitos utilizados na Constituição, coloca-se a questão de saber onde o intérprete deve buscar o sentido desses conceitos. Não apenas é no Direito privado, embora a regra albergada pelo art. 110 a este se refira, porque a impossibilidade de alteração não se limita aos conceitos de Direito privado. A rigor, o intérprete deve buscar o sentido dos conceitos utilizados pela Constituição na área do Direito à qual se refira a norma da Constituição na qual esteja o conceito utilizado. E deve ter em conta especialmente o momento da elaboração constitucional, pois deve prevalecer, na interpretação de suas normas, o sentido dos conceitos que prevalecia no momento dessa elaboração.[241]

---

240. TORRES, Ricardo Lobo. *Normas de interpretação e integração no direito tributário*. Rio de Janeiro: Renovar, 2000. pp. 214-215. *Destaquei.*

241. MACHADO, Hugo de Brito. Interpretação e Aplicação das Leis Tributárias. In: MACHADO, Hugo de Brito (Coord). *Interpretação e Aplicação da Lei Tributária*. São Paulo: Dialética/ICET, 2010. p.151. *Destaquei.*

TRIBUTAR NA ERA DA TÉCNICA

Com efeito, a própria definição da competência para instituir taxas carece da explicitação do sentido atribuído ao termo "serviço público", não se tratando de conceito com proporções semânticas distintas no direito administrativo e no tributário. Da mesma forma, não se cogita ser a noção de "obra pública" nas contribuições de melhoria em nada diversa da definição utilizada nas normas da administração pública. Assim também com "poder de polícia", "sociedade de economia mista", "empresa pública", dentre outros tantos termos que, definidos em leis de direito administrativo, encontram previsão na legislação tributária.

Esses casos bem ilustram como definições de conceitos de outros domínios do direito público são incorporadas no processo de interpretação das disposições de competência tributária e, consequentemente, participam da compreensão do sentido das leis instituídas a partir do exercício dessas competências.

4.2 Efeitos da alteração das definições legais de outros subdomínios jurídicos sobre a interpretação de normas tributárias

Pois bem, verificamos que definições firmadas em enunciados de outros campos do direito positivo são utilizadas na interpretação de normas tributárias. Uma das questões que ainda resta esclarecer diz respeito às modificações que a legislação promova nos diplomas originários que definem estes conceitos. Em outras palavras, o que acontece com o sentido dado a uma norma tributária se a definição de um conceito advindo do direito civil é alterada no diploma civil?

A questão não é nada supérflua, uma vez que a alteração dos termos de uma definição produz uma mudança nos critérios de pertinência dos objetos à classe formada pelo conceito. Desse modo, certos elementos que eram incialmente englobados no conceito podem não mais satisfazer as condições e ficar fora do campo da incidência da norma, como pode também o inverso acontecer.

133

Na experiência jurídica brasileira recente é possível encontrar vários exemplos desse fenômeno, mas nenhum deles chamou tanto a atenção dos estudiosos do direito tributário quanto a superveniência de um novo Código Civil em 2002. Com as profundas mudanças promovidas pela nova lei, várias indagações surgiram a respeito da repercussão, na interpretação da lei tributária, dos conceitos redefinidos, reavivando os debates sobre a intertextualidade interna do direito e submetendo os modelos teóricos até então construídos ao teste da diacronia normativa.

A compreensão de como essas alterações legislativas afetam a interpretação das normas jurídicas tributárias interessa sobremaneira ao objeto da presente pesquisa, já que todas as leis instituidoras de agências ora examinadas, tal como o Código de 2002, são diplomas *posteriores* à Constituição de 1988. Entender como as definições fixadas nessas leis se relacionam aos conceitos utilizados pela Constituição e pelas leis tributárias é condição para que possamos submeter os dados da experiência ao exame crítico-descritivo que pretendemos estabelecer no capítulo subsequente.

Pois bem, retomando os parâmetros dos arts. 109 e 110 do CTN, interessa divisar duas classes de conceitos utilizados na legislação tributária: (i) aqueles utilizados pelo legislador e previstos no texto constitucional para demarcar competências; e (ii) aqueles utilizados pelo legislador para moldar a incidência e apuração de tributos, mas que não têm correspondência direta no texto da Constituição. Vejamos cada um desses grupos.

4.2.1 Conceitos com previsão no texto constitucional

Quanto à interpretação dos limites dos conceitos mencionados nos termos da Constituição, predomina o entendimento na doutrina e jurisprudência de que as definições de direito privado determinam a extensão das competências entregues aos sujeitos legiferantes[242].

---

242. Cf. Item 3.2.2. deste capítulo.

A questão que se coloca, com a superveniência de novo texto legislativo é se as novas definições (i) modificam a extensão dos conceitos constitucionais que tratam das competências tributárias e também utilizados na legislação fiscal ou se, ao contrário, (ii) sua compreensão ficará permanentemente atrelada à definição estabelecida do diploma suplantado, conservando a acepção que historicamente tinha ao tempo de elaboração da Constituição ou da lei que se interpreta.

Como reconhece Paulo Ayres Barreto, trata-se de uma *"questão delicada"*:

> Questão delicada a ser enfrentada diz respeito à possibilidade de se operar alteração desses institutos de direito privado, utilizados pela Constituição Federal para discriminar as competências impositivas, após a sua promulgação. Consumada a modificação, altera-se a competência tributária? Entendemos que não. Pensar diferente implicaria reconhecer a possibilidade de o legislador ordinário federal promover mudanças no quadro competencial constitucionalmente estabelecido.[243]

O argumento é forte: admitir que novas definições dadas aos conceitos cíveis pelo legislador ordinário federal com novo código (ou qualquer nova lei que assim o faça) produzam efeitos na interpretação das palavras com que o constituinte firmou e distribuiu as competências tributárias, seria inverter a hierarquia dos diplomas normativos, permitindo-lhe redesenhar essas distribuições seja para aumentar ou reduzir as materialidades entregues à cada pessoa constitucional[244].

---

243. BARRETO, Paulo Ayres. *Planejamento Tributário. Limites Normativos.* São Paulo: Noeses, 2016. p.37.

244. Argumento semelhante é produzido por Humberto Ávila, apontando quatro razões pelas quais as modificações da lei privada não podem produzir efeitos nas normas de competência: "As regras de competência estabelecem os fatos que podem ser objeto de tributação e esses fatos não podem ser abandonados, inclusive por razões principiológicas de solidariedade social, de função social, etc. [...] todos esses elementos – princípios, regras de competência, limitações ao poder de tributar – não podem ser objeto de modificação pela legislação infraconstitucional [...] os fatos que cada ente federado pode tributar não podem ser tributados pelos outros entes federados. Em razão disso, institui-se um sistema de conceitos mínimos: aos

Essa "inversão hirárquica" proporcionada pelo uso de definições *legais* para a compreensão de conceitos *constitucionais*, foi estudada por Canotilho que dá o nome de "reenvios" a essas referências lexicais cruzadas entre o texto da Constituição e aquele da legislação. Nas palavras do constitucionalista lusitano:

> A constituição «remete» ou «reenvia» para as leis, em virtude da «abertura», «incompletude» ou «indeterminabilidade» das suas normas, a «concretização» dos preceitos constitucionais. Trata-se, fundamentalmente, de um reenvio dinâmico, pois o legislador «coopera» na «determinação» e «conformação» material (determinantes legislativas autônomas) do objecto de reenvio. Com isto, suscita-se o problema geral de qualquer reenvio dinâmico: no caso do agente do reenvio (e respectivo acto) se situar num plano hierarquicamente superior ao do agente para o qual se reenvia (caso da remissão da constituição para a lei) há o perigo de uma inversão da hierarquia normativa, através da introdução, pela entidade reenviada, de «objetos normativos» que o «âmbito normativo» da norma constitucional reenviante não contempla.[245]

Embora o constitucionalista trate em sua obra da Constituição Portuguesa, o receio da inversão da hierarquia normativa faz-se sentir em nossa ordem constitucional, uma vez que os termos utilizados pela nossa Carta para fixar as competências tributárias não gozam de definições no próprio texto constitucional. Tais definições são obtidas mediante reenvios à legislação de vários setores do ordenamento jurídico. Receio agravado pelo fato de a própria explicitação desse reenvio se dá por dispositivo também de hierarquia infraconstitucional – o art. 110 do CTN.

Estados cabe tributar alguns fatos, aos Municípios outros e à União Federal outros fatos." (ÁVILA, Humberto. "Eficácia do Novo Código Civil na Legislação Tributária". GRUPENMACHER, Betina Treiger. (Coord.). *Direito Tributário e o novo Código Civil*. São Paulo: Quartier Latin, 2004. pp 67-68.)

245. CANOTILHO, José Joaquim Gomes. *Constituição Dirigente e Vinculação do Legislador. Contributo para a compreensão das normas constitucionais programáticas.* Coimbra: Coimbra Editora, 1994. p.403.

Nesse aspecto, não é demais relembrar a advertência de Ruy Barbosa Nogueira, quando afirma que a regra do art. 110 é *"uma proibição e orientação dirigidas ao legislador ordinário* [para explicitar] *que a matéria de competência é constitucional, e a lei ordinária não pode nem mesmo por essa forma indireta defini-la ou limitá-la."*[246]

Seguindo nessa toada e relembrando a advertência de Alfredo Augusto Becker, no sentido de que *"Não existe um legislador tributário distinto e contraponível a um legislador civil ou comercial"*[247], a proibição de redefinir as competências tributárias por meio de qualquer veículo introdutor (que não a emenda constitucional), aplicar-se-ia também aos meios "indiretos" de redefinição, como a alteração dos conceitos da legislação de direito privado ou demais subdomínios jurídicos[248].

Dois argumentos se somam ao já exposto para corroborar a negativa de efeitos das novas definições da legislação privada sobre as competências tributárias: (i) o princípio federativo e (ii) a reserva de lei complementar instituída no art. 146, do CTN.

O princípio federativo aparece inscrito no primeiro artigo da Constituição. Dele derivam alguns reflexos pertinentes à distribuição de competências tributárias, em especial o corolário da *isonomia das pessoas constitucionais*[249]. No contexto das

---

246. NOGUEIRA, Rui Barbosa. *Curso de Direito Tributário*. São Paulo: Saraiva, 1994. p. 104-105.

247. BECKER, Alfredo Augusto. *Teoria Geral do Direito Tributário*. São Paulo: Noeses, 2007. p.129.

248. As novas definições não seriam, ao menos por esse motivo, disposições inconstitucionais. Tais enunciados definitórios seguiriam válidos e aplicáveis aos domínios jurídicos que se destinavam a regrar originariamente. No entanto, não seria possível sua aplicação no campo tributário para interpretar o sentido das disposições constitucionais que lidam com competências, em virtude do princípio da supremacia da Constituição.

249. Sobre ela diz Paulo de Barros Carvalho: *"A isonomia das pessoa constitucionais – União, Estados, Distrito Federal e Municípios – é uma realidade viva da conjuntura normativa brasileira, muito embora aflore de maneira implícita. Mas a implicitude que lhe é congênita se demonstra com facilidade, uma vez que deflui naturalmente de duas máximas constitucionais da maior gravidade: a Federação e a autonomia dos*

competências tributárias, esse primado se faz notar no rigor com que as matérias foram distribuídas entre essas pessoas, sendo vedado a qualquer uma delas ultrapassar os limites das materialidades que lhe foram outorgadas[250]. No particular caso do Código Civil de 2002, dado que a competência para instituir disposições sobre essa matéria é atribuída à União, não poderia uma lei federal simplesmente redesenhar as competências de Estados e Municípios, ainda que de forma indireta.

Ainda em decorrência do modelo de distribuição de competências da Constituição, considerando que nele existe uma faixa de competência *residual* atribuída à União, é certo que não haverá matéria que não tenha sido distribuída entre as pessoas constitucionais[251]. Desse modo, qualquer alteração legislativa nas definições de conceitos utilizados para demarcar a faixa de competência de Estados, Distrito Federal e Municípios, provocaria alterações nos limites entre as materialidades a eles reservadas e a competência residual da União. Aí está mais um motivo para não incorporar a mudança legislativa na interpretação dos comandos constitucionais.

É certo que o exercício do poder legislativo precisará pormenorizar essas faixas de competência, aumentando os traços conotativos que dão contornos às materialidades constitucionais. Essa atividade é desempenhada pela construção de definições

---

Municípios." (CARVALHO, Paulo de Barros et MARTINS, Ives Gandra da Silva. *Guerra Fiscal. Reflexões sobre a concessão de benefícios no âmbito do ICMS.* São Paulo: Noeses, 2012. p.31.).

250. Como anota Roque Antonio Carrazza: "As normas constitucionais que discriminam as competências tributárias encerram duplo comando: 1) habilitam a pessoa contemplada – e somente ela – a criar, querendo, um dado tributo; e 2) proíbem as demais de virem a instituí-lo." (CARRAZZA, Roque Antonio. *Curso de Direito Constitucional Tributário.* São Paulo: Malheiros, 2010, p.529). Deve-se notar, entretanto, que existe a exceção prevista no art. 154, II, da Carta.

251. No mesmo sentido Andrei Pitten Velloso: "*a Constituição, ao prever competências residuais, torna as competências já discriminadas taxativas. Desse modo, o sistema constitucional-tributário pressupõe que certas manifestações de capacidade contributiva somente possam ser tributadas com base nas competências residuais.*" (VELLOSO, Andrei Pitten. *Conceitos e competências tributárias.* São Paulo: Dialética, 2005. p.296).

mais precisas para os termos da Constituição, fornecendo critérios que visam a evitar desencontros interpretativos sobre o alcance das expressões utilizadas nas normas de competência, isto é, dando parâmetros para superar os conflitos de competência. Ocorre que, para fazê-lo, deve o Poder Legislativo valer-se de veículo introdutor especial, a lei complementar prevista no art. 146, I, da Constituição. Trata-se de condição que não é satisfeita pela Lei 10.406/2002, sendo esse mais um óbice à incorporação das novas definições ao sentido de conceitos utilizados pela constituição para definir competências.

4.2.2 Conceitos sem previsão no texto constitucional

Já no que tange aos conceitos utilizados na legislação tributária que não previstos nas normas de competência constitucional, a situação é diferente.

Sem o argumento da prevalência das normas de competência e de sua reserva constitucional (ou de Lei Complementar, na hipótese do art. 146, II, da Constituição), não se operaria a ressalva do art. 110 do CTN.

Haveria de se considerar ainda o óbice posto pelo art. 109, do Código. Segundo essa diretriz, haveria de se dar preferência à definição instituída especificamente para o direito tributário, caso houvesse algum enunciado que talhasse o conceito com o propósito de melhor servir aos propósitos da norma fiscal. Visto desse modo, o problema não seria em nada diferente da regra geral instituída no art. 2º da LINDB quando trata da superveniência de nova norma geral, que não teria o condão de "revogar" a norma mais específica[252].

Assim, fica aberta a porta para que o legislador possa redesenhar as definições desses conceitos desde que, (i) por essa via indireta, não ultrapasse ou modifique as competências demarcadas na Carta; (ii) inexista enunciados próprios

---

252. Ver item 2.2.1, neste capítulo.

na legislação tributária que deem contornos particulares ao conceito redefinido.

Quanto à possibilidade de reforma dessas definições, essa é a conclusão que chega Humberto Ávila:

> Somente o que não está sob reserva constitucional, explícita ou implícita, pode ser modificado. Aqui é que começa a entrar a "tese da flexibilidade". Se não está posto nem pressuposto pela Constituição, nem direta nem indiretamente, nem implícita nem explicitamente, o conceito pode ser modificado pelo legislador infraconstitucional.[253]

Com efeito, tal como se permite ao legislador modificar as definições dos conceitos utilizados nas leis tributárias, é-lhe dado modificar os enunciados definitórios nos demais setores do direito. Assim, caso inexista qualquer enunciado que restrinja a aplicação da nova definição à interpretação das normas tributárias, não haverá qualquer razão para que os novos contornos desses conceitos não sejam também utilizados pelos intérpretes, vez que a unidade conceptual constitui a regra-geral na interpretação dos comandos legislados. Afinal, o legislador, como diz Becker, é uno.

Ante esse cenário, uma questão que se poderia levantar é a necessidade de as normas tributárias precisarem enunciar expressamente a "incorporação" dos novos conceitos, antes de que os intérpretes possam fazê-lo seja para conhecer, seja para aplicar o direito.

Aqui também é possível olhar para a história legislativa recente do país e colher um significativo exemplo: com a superveniência da Lei 11.638/2007, foram modificados muitos dispositivos da Lei 6.404/76, a Lei das Sociedades Anônimas. Várias das mudanças dizem respeito aos critérios de reconhecimento de receitas, custos e despesas, utilizados

---

253. ÁVILA, Humberto. "Eficácia do Novo Código Civil na Legislação Tributária". GRUPENMACHER, Betina Treiger. (Coord.). *Direito Tributário e o novo Código Civil*. São Paulo: Quartier Latin, 2004. p. 69.

nas demonstrações contábeis das empresas. Com essas modificações, foram alterados substancialmente os conceitos do direito privado de *lucro, receita, custo* e *despesa*, que aparecem na legislação instituidora de incidentes sobre a renda (IR e CSLL) e o faturamento (PIS e COFINS), notadamente no desenho de suas bases de cálculo. Com a vigência da nova lei, instalou-se a dúvida: era preciso que a lei tributária incorporasse expressamente as novas definições? Ou deveriam as bases de cálculo serem apuradas com base nos critérios estabelecidos nas definições da Lei 6.404/76 tal como o eram antes da superveniência da Lei 11.638/2007?

Diante do cenário de incerteza, foi então editada a Medida Provisória 449/2008 (posteriormente convertida na Lei 11.941/2008) que, ao lado de um programa de parcelamento (REFIS), instituiu o Regime Tributário de Transição (RTT). A adesão ao regime deveria ser manifestada nas demonstrações contábeis da pessoa jurídica e lhe permitia apurar os tributos devidos valendo-se dos *"métodos e critérios contábeis vigentes em 31 de dezembro de 2007"*[254].

O caráter *optativo* dado a esse regime demonstra o entendimento oficial[255] de que, aqueles que não aderissem, estariam sujeitos à aplicação dos critérios da nova legislação societária na apuração dos tributos. O não-ingresso no regime levaria à aplicabilidade imediata das novas definições societárias na apuração da base de cálculo dos tributos envolvidos. Ou seja, os conceitos reformados na legislação societária haviam sido incorporados à interpretação das normas tributárias e constituíam o regime geral de apuração. A aplicação das antigas

---

254. Art. 16. As alterações introduzidas pela Lei 11.638, de 28 de dezembro de 2007, e pelos arts. 37 e 38 desta Lei que modifiquem o critério de reconhecimento de receitas, custos e despesas computadas na apuração do lucro líquido do exercício definido no art. 191 da Lei 6.404, de 15 de dezembro de 1976, não terão efeitos para fins de apuração do lucro real da pessoa jurídica sujeita ao RTT, devendo ser considerados, para fins tributários, os métodos e critérios contábeis vigentes em 31 de dezembro de 2007.

255. Esse seria o entendimento do Executivo, que editou a Medida Provisória, do Legislativo, que a converteu em Lei e, também, do Judiciário que acolheu.

definições da lei societária seria relegada à condição de regime excepcional, aplicável somente em função da existência de permissivo legal próprio (a Lei 11.941/2008) e se houvesse manifestação de vontade da pessoa nesse sentido.

Com isso, a legislação exprime nítida evidência de que a alteração de conceitos da legislação privada que não tenham previsão constitucional, mas que sejam utilizados na lei fiscal para moldar a incidência de tributos, podem ser imediatamente incorporados à interpretação fiscal tão adquiram validade.

Faço notar, entretanto, que o exemplo ora dado lida apenas com legislação *federal*: trata-se de lei ordinária federal que versa sobre a incidência de IR, CSLL, PIS e COFINS, como também é ordinária e federal a lei societária que implementou as mudanças nos conceitos da lei societária. O problema adquire contornos mais controversos se a mudança na definição de um conceito feita por diploma legislativo federal produzisse efeitos significativos na interpretação de norma tributária estadual ou municipal, devendo essa repercussão ser bem escrutinada em face do princípio federativo e de seu corolário da *privatividade* das competências. Esse assunto tem especial relevância para nossos estudos, uma vez que as agências reguladoras examinadas foram todas elas criadas por leis federais e muitos dos itens que são por elas regulados, como o petróleo, a energia elétrica e os serviços de transportes, servem de materialidade para tributos estaduais (ICMS) e municipais (ISS).

A regra geral, portanto, consiste na incorporação imediata das novas definições à interpretação das normas tributárias. Ocorre que alguns fatores podem levantar dúvidas sobre a constitucionalidade dessa interpretação, em especial as interações entre as leis federais e as alterações proporcionadas no âmbito da tributação estadual e municipal.

4.2.2.1 Alterações promovidas por veículos introdutores infralegais

O exemplo do RTT é proveitoso, ainda, pela referência feita no parágrafo único do art. 16 à Comissão de Valores Mobiliários e "demais entes reguladores". Vejamos sua redação:

> [...] normas expedidas pela Comissão de Valores Mobiliários, com base na competência conferida pelo §3º do art. 177 da Lei 6.404, de 15 de dezembro de 1976, e pelos demais órgãos reguladores que visem a alinhar a legislação específica com os padrões internacionais de contabilidade.

Conforme explicitei anteriormente, as resoluções expedidas pela CVM não integram o objeto examinado nesta tese[256]. A referência segue válida para os "demais órgãos reguladores" tratados na legislação.

A ressalva explicitada no dispositivo se justifica apenas se considerarmos que as definições integrantes das normas expedidas pelos entes reguladores, dentre eles as *agências*, possam participar no processo de construção de sentido das normas tributárias afetadas pelo RTT. Eis aí uma primeira evidência nos textos legislativos de que as definições expedidas pelas resoluções de agências reguladoras podem afetar o processo de construção de sentido das normas tributárias. Nesse caso, os conceitos nela definidos participam da formação da base de cálculo do IR, CSLL, PIS e COFINS.

Trazendo essa inferência de volta à questão dos efeitos tributários da mudança na definição dos conceitos delimitados nas normas das agências reguladoras, para tais definições deve-se aplicar o mesmo entendimento subsidiário que se outorga às definições legais: sempre que se tratar de conceitos não previstos no texto constitucional e não houver definição própria construída na legislação fiscal, seria possível o emprego das definições instaladas nas resoluções de agências

---

256. Cf. item 2.1 do cap. 2.

reguladoras, devendo ser incorporadas suas modificações, a não ser que exista disposição em contrário (como no citado parágrafo único, art. 16, da Lei 11.941/2008).

4.3 Alteração da definição de conceitos pelo uso da linguagem jurídica

Ademais, há um terceiro modo de mudanças nas definições de conceitos advindos de outros subsetores do ordenamento jurídico que pode repercutir na compreensão das normas jurídicas tributárias. Trata-se da alteração do sentido pelo *uso* que lhe dá a comunidade jurídica.

Sobre esse assunto, Andrei Pitten Velloso registra que:

> [...] há, por vezes, uma contínua evolução conceitual decorrente da riqueza e do dinamismo da linguagem e da realidade fática. Pois bem, certas modificações nos usos lingüísticos podem repercutir sobre o conteúdo conceitual, legitimando-se o reconhecimento de mutações dos conceitos constitucionais, vez que *"A estática dos textos não condiciona a estática dos conceitos normativos"*.[257]

Dado o fechamento operacional do sistema jurídico, a despeito de sua abertura cognitiva, é certo que os *usos* a se considerar para uma alteração conceptual devem ser aqueles dos próprios textos do direito: notadamente a legislação (nos casos que vimos no item 4.2), mas também os atos de fala da administração[258] e da jurisprudência[259].

Aqui também é possível apontar um exemplo recente na experiência jurídica brasileira. Na legislação do Imposto sobre

---

257. VELLOSO, Andrei Pitten. *Conceitos e competências tributárias*. São Paulo: Dialética, 2005. p.262.

258. A importância desses na interpretação das normas tributárias, aliás, é reconhecida pelo próprio Código Tributário Nacional em seu art. 100.

259. Condição reforçada pelo advento da Lei 13.105/2015 e o maior peso atribuído às decisões passadas dos tribunais na decisão de casos futuros.

TRIBUTAR NA ERA DA TÉCNICA

a Renda incidente sobre as pessoas físicas, é permitido ao declarante apontar como dependente, permitindo-lhe assim deduzir certos valores da base de cálculo do imposto, "*o companheiro ou a companheira, desde que haja vida em comum por mais de cinco anos, ou por período menor se da união resultou filho*", trata-se de definição instituída no art. 35, II, da Lei 9.250/95.

Pois bem, durante um bom tempo firmou-se a impossibilidade de incluir como dependente uma pessoa de mesmo sexo do declarante, ainda que bem documentada fosse a existência da chamada união homoafetiva[260]. O fundamento era o de que as expressões "companheiro" e "companheira", utilizadas na legislação tributária, eram definidas nos termos da legislação civil que tratava das "uniões estáveis", estas, por sua vez, somente tinham lugar quando houvesse a união entre pessoas de sexos diferentes.

Com o passar dos anos, a jurisprudência[261] e os órgãos administrativos[262] foram expedindo mais e mais atos normativos tendentes a reconhecer aos parceiros homossexuais os mesmos direitos conferidos às demais entidades familiares no âmbito cível, administrativo previdenciário e trabalhista, alterando juridicamente o contexto normativo. Em decorrência disso, a própria Receita Federal viu-se na contingência de modificar a interpretação dos dispositivos da legislação fiscal para acolher o direito de considerar um companheiro homoafetivo como dependente na declaração de imposto sobre a renda[263].

---

260. Dentre outros documentos oficiais, é a posição registrada na Nota COSIT 277, de 15 de agosto de 2008.

261. Por mais significativa, restrinjo a nota à decisão do STF sobre a matéria (ADI 4.277/DF. Pleno. Rel. Min. Ayres Britto. DJe 14.10.2011).

262. Limitando à Receita Federal do Brasil, veja-se o Parecer PGFN/CAT 1503/2010.

263. Conforme conclusão do Parecer supra-citado: "*opina-se pela juridicidade da inclusão cadastral de companheira homoafetiva como dependente de servidora pública federal para efeito de dedução do Imposto de Renda, desde que preenchidos os demais requisitos exigíveis à comprovação da união estável disciplinada nos arts. 4º, III e 8º, II, "b" e "c" da Lei 9.250/95, e no art. 77 do Decreto 3.000/99 (RIR/99).*" (p.19).

Aqui, não se pode dizer que foi a mera alteração no "uso popular" que levou à alteração da definição do conceito utilizado na legislação do imposto sobre a renda. A mudança que possibilitou a inclusão de dependente homoafetivo somente pôde ser concretizada na interpretação da legislação tributária após a comprovação: (i) de que não existia definição legal específica no direito tributário para o termo "companheiro"; e (ii) de que os documentos do meio jurídico vinham admitindo este uso mais amplo para o termo "companheiro", nos mesmos contextos dos quais o direito tributário se servia para atribuir sentido à expressão que a lei fiscal não definiu. Com efeito, à luz do que vimos de ver a respeito dos arts. 109 e 110 do CTN, houvesse uma definição própria do direito tributário nos diplomas que instituem esse tributo, deveria ela ser preferida àquela adotada nos demais ramos do direito brasileiro.

5. FIXANDO A HIPÓTESE DE TRABALHO

À guisa de conclusão deste capítulo, é preciso fazer uma síntese dos vários argumentos para organizar uma hipótese de trabalho que será submetida ao experimento no capítulo seguinte, com o exame pormenorizado da jurisprudência dos tribunais superiores e da legislação.

Pois bem, voltando ao que foi dito na Introdução desta pesquisa, pretendemos compreender se (i) é lícito que definições estabelecidas nas disposições de agências reguladoras participem da construção de sentido das normas tributárias e (ii) quais limites o ordenamento prevê para esse emprego.

A leitura da literatura especializada e o exame das disposições legislativas que tratam especificamente do fenômeno da intertextualidade interna no direito tributário, conquanto não tenham enfrentado diretamente o assunto nos precisos termos que o examinamos, parecem apontar pela licitude do uso dessas definições.

Com efeito, considerados os poderes normativos *gerais e abstratos* que as leis instituidoras das agências atribuem a esses entes reguladores, esses sujeitos tem como fim imediato implementar a política setorial prevista na legislação e como expediente mediato estabelecem diretrizes e definições técnicas capazes de orientar o sistema jurídico na lida com as relações do setor regulado, atentando para suas especificidades técnicas. Deve-se notar, entretanto, que se tratam de definições cujo contexto normativo é bastante limitado, aplicando-se apenas às relações juridicamente estabelecidas no interior do sistema regulado[264].

Considerados esses elementos, as definições estabelecidas pelas disposições das agências reguladoras podem participar do processo de construção de sentido das normas jurídicas tributárias quando atendidas as seguintes condições:

i.   não se trate de termo utilizado pela Constituição para delimitar competências e que já tenha definido em legislação (cf. art. 110, CTN);

ii. tratando-se de termo utilizado pela Carta, ainda assim seria possível utilizar-se da definição dada pela agência reguladora desde que, inexistente definição legal específica, o termo seja considerado de linguajar "técnico". Nesses casos, a definição dada pela agência reguladora, dada a "discricionariedade técnica"[265] que deve nortear sua concepção, constituiria documento juridicamente relevante para provar o *uso "próprio da área em que se esteja legislando"* (cf. art. 11, I, a, da Lei Complementar 95/98);

iii. tratando-se de termo que não é referido no texto constitucional, é permitido o uso da definição técnica

---

264. Vale notar aqui o exemplo da definição de "poder de controle", que experimenta diferentes acepções na Lei 6.404/76 e na Resolução 101/99 da ANATEL, dado no item 2.2.2. deste capítulo.

265. Cf. item 5.2., cap. 2.

de agência reguladora se não houver lei específica tributária definindo o conceito (cf. art. 109 do CTN);

iv. tratando-se de termo não referido no texto constitucional, sem definição específica em lei tributária, mas com definição em diploma legal de outro subdomínio jurídico, concorrendo com a disposição regulatória, deve-se examinar se a norma tributária é geral ou setorial;

v. tratando-se de disposição genérica (i.e. demarcação de regime geral de apuração do tributo ao qual estão sujeitos os contribuintes do setor regulado e aqueles que não o integram), aplicar-se-á a definição legislativa mais adequada ao contexto normativo da incidência;

vi. tratando-se de regime especial voltado ao setor (p. ex. na definição de um benefício fiscal), utilizar-se-á a disposição mais específica expressa na norma da agência reguladora;

vii. inexistente a referência constitucional e ausente qualquer enunciado legal definindo-o, deve-se utilizar a definição dada pela agência reguladora desde que os dados contextuais permitam descartar o "sentido comum" (cf. Art. 11, I, a, da Lei Complementar 95/98);

viii. haverá situações em que as definições técnicas emitidas pelas agências reguladoras não interferem diretamente nos termos da regra-matriz de incidência tributária, mas definem padrões e condutas que devem ser utilizados nas relações entre concessionárias e usuários (p.ex. obriga-os a implementar certas cláusulas contratuais ou a mudar as especificações de produtos e serviços oferecidos), nesses casos, pode haver uma interferência indireta e lícita das definições

TRIBUTAR NA ERA DA TÉCNICA

técnicas das agências na medida em que reformam os negócios submetidos à incidência de tributos;

ix. a interferência indireta, por sua vez, deverá ser repelida quando por meio da alteração dos termos contratuais entre usuários e prestadores do serviço regulado forem inseridos elementos estranhos às materialidades que sobre eles incidem (p. ex. se Resolução da ANEEL inserir no preço da energia elétrica elementos alheios ao *consumo* desse bem, materialidade do ICMS), preservando o comando do art. 110 do CTN;

x. nos casos em que seja aplicável a definição de agências reguladoras, sua modificação por diploma superveniente deve ser incorporada à interpretação das normas tributárias, independente de recepção "expressa" do novo conceito na lei fiscal, desde que inexistam disposições em sentido contrário no ordenamento.

CAPÍTULO 4

PRAGMÁTICA DAS DEFINIÇÕES TÉCNICAS NO PROCESSO DE CONSTRUÇÃO DE SENTIDO DA REGRA-MATRIZ DE INCIDÊNCIA TRIBUTÁRIA

1. O USO DE DEFINIÇÕES EXPEDIDAS PELAS AGÊN-CIAS REGULADORAS NA INTERPRETAÇÃO DA RMIT

Feito o estudo das conclusões já formuladas pela literatura especializada e aperfeiçoada nossa hipótese de trabalho, passo ao exame das manifestações do texto jurídico em que se percebe o uso de definições expedidas em normas de agências reguladoras para decidir a respeito dos limites conceptuais dos termos utilizados nas leis tributárias.

Como expediente organizador do material coletado[266], utilizarei os critérios da regra-matriz de incidência tributária,

---

266. Para a seleção dos casos examinados, dei preferência à jurisprudência dos tribunais superiores e soluções de consulta da Receita Federal do Brasil, limitando a amostra às decisões que tratassem somente das normas de incidência de tributos (ignorando deveres instrumentais), publicadas nos últimos quinze anos. Nos casos em que a jurisprudência era reiterada, procurei eleger o caso mais representativo da corte, dando prioridade àqueles que houvessem sido proferidos sob o regime dos recursos repetitivos ou, quando assim não fosse, a primeira decisão cronológica.

reservando um tópico adiante para cada um dos cinco critérios que a compõem, dispondo os casos reunidos conforme a predominância temática de cada um deles.

1.1 *Critério material*

1.1.1 *ICMS e tarifa de habilitação de Telefonia Celular*

Os serviços de telecomunicações, dada a sujeição ao ICMS, a riqueza de detalhes técnicos prevista na LGT e a ampla competência outorgada ao poder normativo da ANATEL, proporciona instigante campo de investigação para a hipótese firmada.

Um exemplo interessante desse fenômeno na jurisprudência da Corte Superior pode ser observado, reiteradamente, na discussão a respeito da incidência do ICMS e a chamada taxa de habilitação de telefonia celular.

A materialidade do tributo nessa incidência, está prevista no art. 2º, III, da Lei Complementar 87/96 e consiste nas "prestações onerosas de serviços de comunicação". A definição de serviço de telecomunicação, espécie do gênero comunicação, é realizada no art. 60, §1º da LGT, que assim institui:

> Art. 60. *Serviço de telecomunicações é o conjunto de atividades que possibilita a oferta de telecomunicação.*
>
> §1º Telecomunicação é a transmissão, emissão ou recepção, por fio, radioeletricidade, meios ópticos ou qualquer outro processo eletromagnético, de símbolos, caracteres, sinais, escritos, imagens, sons ou informações de qualquer natureza.
>
> [...]

Essa definição, prevista numa lei de direito administrativo, é utilizada pelo Tribunal para fixar o âmbito de incidência do ICMS, reafirmando a tese de que os efeitos dos arts. 109 e 110 não se restringem aos domínios do direito privado.

TRIBUTAR NA ERA DA TÉCNICA

Nesse ponto, é interessante observar as razões do voto[267] do Min. Castro Meira no EDcl no AgRg no REsp 330.130/DF. Em tal decisão, acolhida à unanimidade, o Relator consignou os comandos da ANATEL como razões de decidir:

> [...] partiu do próprio ente estatal encarregado da fiscalização e regulamentação do setor de telecomunicações – a Agência Nacional de Telecomunicações – a iniciativa de, ciente dos naturais equívocos do Fisco quanto à interpretação da norma do art. 60 da Lei 9.472/97, balizar o conceito ali inserido, o que se deu por meio da edição da Resolução ANATEL 73, de 25/11/98, que, ao aprovar o Regulamento dos Serviços de Telecomunicações, excluiu expressamente a "habilitação" do rol de procedimentos passíveis de configurar "serviço de telecomunicação". [...]

> Fixada a natureza jurídica da habilitação dos usuários de telefonia móvel celular, verifica-se ser incabível a incidência do ICMS, nos termos do inciso III do artigo 2º da Lei Complementar 87/96, posto que a habilitação não se configura como atividade considerada como serviço de telecomunicação, ou seja, não é "transmissão, emissão ou recepção, por fio, radioeletricidade, meios ópticos ou qualquer outro processo eletromagnético, de símbolos, caracteres, sinais, escritos, imagens, sons ou informações de qualquer natureza".

> Mesmo que assim não fosse a Agência Nacional de Telecomunicações - Anatel, na Resolução 73/98, excluiu expressamente do rol de atividades consideradas como sendo serviços de telecomunicações, a de habilitação.

Aqui se observa que a definição instituída na Resolução da ANATEL, ao pormenorizar os conceitos mais amplos previstos na definição da LGT, serviu de baliza à interpretação da Corte de que a habilitação não se subsome ao conceito de prestação onerosa de serviço de comunicação. Vale notar que a referência à definição do ente regulador é feita em *caráter suplementar* à definição da LGT, na compreensão dos limites do conceito previsto no art. 2º, III, da Lei Complementar 87/96.

---

267. STJ. EDcl no AgRg no REsp 330.130/DF. Segunda Turma. Rel. Min. Castro Meira. DJ 16.11.2004.

1.1.2 Não-incidência de contribuição previdenciária sobre serviços auxiliares ao transporte aéreo

A própria Receita Federal do Brasil tem registrado em vários documentos referências às definições dadas por entes reguladores como parâmetro para se pronunciar sobre o quadramento de certas situações aos contornos da regra-matriz de incidência tributária. Exemplifica-o a Solução COSIT 78/2016.

Na ocasião, tratava-se de determinar se a atividades desenvolvidas pelo Consulente estariam sujeitas à retenção de contribuição previdenciária, tal como prevista no art. 31 da Lei 8.212/91. A dúvida é pertinente, uma vez que sobre a rubrica "serviços auxiliares ao transporte aéreo" comporta uma grande gama de atividades que, individualmente consideradas, poderiam sujeitar-se à incidência da retenção ao se classificarem como "locação de mão de obra".

No caso examinado, prevaleceu o entendimento de que a regulação especial sobre a matéria trata referidas atividades como unidade incindível, de modo que seria impossível considerar o contrato de "serviços auxiliares ao transporte aéreo" como uma simples cumulação de contratos de locação de mão de obra. *In verbis*:

> 19. Os serviços auxiliares ao transporte aéreo, apesar de compreenderem a execução de outros serviços, são disciplinados e tratados como uma atividade una pela legislação de regência específica, e devem ser analisados dessa forma no presente caso.
>
> 20. Com base na leitura da lista de serviços constante dos arts 117 e 118 da Instrução Normativa 971, de 2009, é possível concluir que os serviços auxiliares ao transporte aéreo, contratados pela Consulente, não estão expressamente referenciados entre aqueles enquadrados na situação descrita no caput desses artigos, não se aplicando, portanto, a retenção de 11% sobre o valor da respectiva nota fiscal, fatura ou recibo emitido pelo prestador desses serviços.
>
> [...]
>
> 3. as importâncias pagas ou creditadas à pessoa jurídica pela prestação dos serviços auxiliares ao transporte aéreo, previstos

TRIBUTAR NA ERA DA TÉCNICA

na Lei nº 7.565, de 1986, e regulamentados pela Resolução ANAC 116, de 2009, não estão sujeitas à retenção de que trata o art. 31 da Lei 8.212, de 1991.

Percebe-se, assim como no caso precedente, que as definições expedidas nos enunciados da Resolução ANAC 116/2009, comparecem como expedientes necessários para afirmar a *unidade* do negócio jurídico examinado, determinando sua não incidência à regra do art. 31 da Lei 8.212/91.

1.2 *Critério temporal*

Conquanto os elementos definidores do critério temporal estejam igualmente sujeitos à intertextualidade no uso de definições emitidas por agências reguladoras para sua interpretação, não foram encontrados exemplos significativos na jurisprudência dos tribunais superiores sobre o tema.

1.3 *Critério espacial*

1.3.1 *Definição do lugar de incidência do ICMS sobre serviço de TV por assinatura prestado por satélite*

Recentemente, o STJ foi instado a se pronunciar a respeito do local de incidência do ICMS nos serviços de TV por assinatura prestados via satélite, na modalidade DTH (*Direct to Home*), reformando seu entendimento sobre a matéria.

Em decisão anterior sobre a matéria[268], foi possível perceber o uso de definição instituída em Resolução da ANATEL (220/2000) como argumento para determinar que o serviço prestado se quadrava à materialidade prescrita no art. 2º, III, da Lei Complementar 87/1996. Ali, decidiu-se que o tributo seria devido ao estado no qual estivesse o estabelecimento do

---

268. STJ. REsp 677.108/PR. Segunda Turma. Rel. Min. Castro Meira. DJe 01.12.2008.

tomador do serviço[269], com fundamento no art. 11, III, c-1, da Lei Complementar 87/96.

Na decisão que passo a comentar (REsp 1.497.364/GO), determinou a incidência do tributo em duas partes: metade no lugar do prestador e outra metade no lugar do tomador, com fundamento no §6° do mesmo art. 11. Referido dispositivo institui que:

> Art. 11 [...]
>
> [...]
>
> § 6° Na hipótese do inciso III do caput deste artigo, tratando-se de serviços não medidos, que envolvam localidades situadas em diferentes unidades da Federação e cujo preço seja cobrado por períodos definidos, o imposto devido será recolhido em partes iguais para as unidades da Federação onde estiverem localizados o prestador e o tomador.

O entendimento firmado pelo Tribunal fundamentou-se na subsunção do serviço DTH, com maior especificidade, à classe de "serviços não medidos". Ocorre que a definição do conceito "serviço não medido" não se encontra no texto legal, sendo necessário investigar sua *acepção técnica*.

Nesse particular, vale consignar as palavras do relator, acolhidas com unanimidade pela Segunda Turma:

> Por serviço medido, entende-se que o usuário paga pelo serviço efetivamente utilizado, como por exemplo, os serviços de água, telefonia, luz etc. Nos serviços de televisão por assinatura, o pagamento não é variável pelo tempo de utilização. O assinante opta por um pacote de canais e por ele pagará um valor fixo mensalmente.
>
> Logo, entende-se que o serviço prestado pela recorrente é não medido cujo preço será cobrado por períodos definidos, qual seja, mensal. Desse modo, aplica-se ao caso dos autos o disposto

---

269. Eis os termos da Lei Complementar: "*Art. 11. O local da operação ou da prestação, para os efeitos da cobrança do imposto e definição do estabelecimento responsável, é: [...] III - tratando-se de prestação onerosa de serviço de comunicação: [...] c-1) o do estabelecimento ou domicílio do tomador do serviço, quando prestado por meio de satélite;*".

no art. 11, §6°, da Lei Complementar 87/96, segundo o qual se deve recolher o ICMS em partes iguais para as unidades da Federação em que estiverem localizados o prestador e o tomador.[270]

Conquanto inexista menção explícita a Resolução da ANATEL ou documento por ela expedido em seu voto, vale notar que o conceito de "serviço não medido" foi empregado em conformidade com as definições estipuladas no *Glossário*[271] da Agência.

O fundamento para tal interpretação da lei tributária seria, aqui o art. 11, I, *a*, da Lei Complementar 95/96, aplicando-se à regra da recepção *prima facie* do conceito técnico, pelo que se presume adequada para esses fins a definição dada por órgão oficial (ANATEL).

1.4 *Critério pessoal*

Tal como sucedeu com o critério temporal, também no que tange ao critério pessoal não foram encontradas decisões concernentes ao fenômeno da incidência de tributos.

Há decisões importantes do Superior Tribunal de Justiça a respeito da legalidade de repasse de tributos recolhidos pela concessionária aos consumidores de forma destacada em sua fatura mensal, valendo-se de dispositivos da ANEEL em sua fundamentação[272]. Tal escopo, porque, não se refere propriamente à norma retratada na regra-matriz de incidência tributária, ficou excluído da pesquisa.

---

270. STJ. REsp 1.497.364/GO. Segunda Turma. Rel. Min. Humberto Martins. DJe 14.09.2015.

271. No Glossário inexiste definição do conceito "serviço não medido". Tal definição se chega tão somente pela negativa das propriedades do conceito de "serviço medido", que é assim definido naquele documento: "serviço de telefonia cuja tarifa é fixada em função da zona ou do tempo de ocupação dos circuitos e do número de ligações efetuadas pelo usuário do serviço."

272. No julgamento do REsp 976.836, além das muitas referências às resoluções expedidas pela ANATEL, houve a participação do órgão na condição de *amicus curieae* (STJ. Primeira Seção. Rel. Min. Luiz Fux. DJe 05.10.2010).

1.5 Critério quantitativo

1.5.1 ICMS incidente sobre "Demanda Contratada" de energia elétrica

Trata-se de decisão prolatada no regime dos recursos repetitivos, com os efeitos *extra partes* que lhe atribuía o hoje revogado art. 543-C. A decisão foi proferida pela Primeira Seção em 11.03.2009.

O caso consistia na disputa entre o Estado de Santa Catarina e contribuinte que pleiteava a incidência do ICMS apenas proporcional à parcela de energia elétrica efetivamente consumida, excluindo a incidência da quantia que lhe fora cobrada a título de reserva de demanda[273].

Referida controvérsia não surgiu da modificação das leis que amparam a incidência do ICMS, as quais permaneceram inalteradas. Nesse sentido, o art. 2º, §1º, I, da Lei Complementar 87/96, determina que o tributo incidirá sobre a entrada de energia elétrica[274] no estabelecimento consumidor. A mesma lei também dispõe, no art. 15, I, que a base de cálculo do tributo corresponderá ao "preço corrente da energia elétrica"[275].

Em função do binômio constitucional tributário[276], é preciso que exista um alinhamento entre essas expressões. Assim, deve-se entender por "preço da energia elétrica", para fins de incidência do ICMS, o valor pago em contrapartida ao seu consumo.

---

273. STJ. REsp 960.476 - SC. Primeira Seção. Rel. Min. Teori Zavascki. DJe 13.05.2009.

274. Art. 2º [...] § 1º O imposto incide também: [...] III - sobre a entrada, no território do Estado destinatário, de petróleo, inclusive lubrificantes e combustíveis líquidos e gasosos dele derivados, e de energia elétrica, quando não destinados à comercialização ou à industrialização, decorrentes de operações interestaduais, cabendo o imposto ao Estado onde estiver localizado o adquirente.

275. Art. 15 [...] I - o preço corrente da mercadoria, ou de seu similar, no mercado atacadista do local da operação ou, na sua falta, no mercado atacadista regional, caso o remetente seja produtor, extrator ou gerador, inclusive de energia.

276. Cf. item 3.3.5. cap.1.

Ocorre que a Resolução 456/2000 expedida pela ANEEL, modificou o valor da tarifa paga pelos consumidores do "Grupo A"[277], criando a chamada tarifa binômia que, nos termos da norma da agência corresponde ao *"conjunto de tarifas de fornecimento constituído por preços aplicáveis ao consumo de energia elétrica ativa e à demanda faturável"*.

O Tribunal reafirmou precedentes da Corte[278] no sentido de que apenas a *energia elétrica consumida* poderia ser objeto da incidência do tributo estadual, mas o caso ora levado ao exame da Corte cuidava ainda de saber se a quantia referente à "demanda medida faturável" poderia também ser objeto de incidência do imposto estadual.

Aqui as referências à Resolução ANEEL 456/2000 foram frequentes nos votos do relator, Min. Teori Zavascki, bem como no voto vencido, do Min. Castro Meira, participando decisivamente da decisão da Corte no caso concreto que, nesse particular, ficou assim registrada na ementa:

> 2. Na linha dessa jurisprudência, é certo que "não há hipótese de incidência do ICMS sobre o valor do contrato referente à garantia de demanda reservada de potência". Todavia, nessa mesma linha jurisprudencial, também é certo afirmar, a contrario sensu, que há hipótese de incidência de ICMS sobre a demanda de potência elétrica efetivamente utilizada pelo consumidor.
>
> 3. Assim, para efeito de base de cálculo de ICMS (tributo cujo fato gerador supõe o efetivo consumo de energia), o valor da tarifa a ser levado em conta é o correspondente à demanda de potência efetivamente utilizada no período de faturamento, como tal considerada a demanda medida, segundo os métodos

---

277. XXII - Grupo "A": grupamento composto de unidades consumidoras com fornecimento em tensão igual ou superior a 2,3 kV, ou, ainda, atendidas em tensão inferior a 2,3 kV a partir de sistema subterrâneo de distribuição e faturadas neste Grupo nos termos definidos no art. 82, caracterizado pela estruturação tarifária binômia [...]

278. Como fez então notar o Min. José Delgado, que conduziu a maioria: "[...] o *ICMS deve incidir sobre o valor da energia elétrica efetivamente consumida, isto é, a que for entregue ao consumidor, a que tenha saído da linha de transmissão e entrado no estabelecimento da empresa*" (STJ. REsp 222.810/MG. Primeira Turma. Rel. Min. Milton Luiz Pereira. DJ de 15.05.2000).

de medição a que se refere o art. 2º, XII, da Resolução ANEEL 456/2000, independentemente de ser ela menor, igual ou maior que a demanda contratada.

Limitando minhas considerações sobre o caso apenas ao teste da hipótese formulada, percebe-se que o recurso aos enunciados definitórios da Resolução ANEEL 456/2000 foi fundamental para definir, com a generalidade e abstração necessários para integrar a regra-matriz de incidência tributária dessa exação, os limites semânticos da expressão *preço corrente da energia elétrica*, utilizada, porém não definida, no art. 15, I, da Lei Complementar 87/96.

A esse respeito, é interessante destacar aqui um argumento desenvolvido pela Min. Eliana Calmon em seu voto no REsp 960.476/SC, acompanhando o relator, quando diz:

> A [posição] do Sr. Ministro Relator afirma o seguinte: paga-se o ICMS, e o ICMS é o que está na lei complementar; não é o governador, nem a Anatel, quem diz é a lei, ou seja, a lei em sentido formal e material, não pode ser resolução, não pode ser nada; o fato gerador é a lei.
>
> A lei determina o fato gerador, que é a circulação da mercadoria. Se energia é mercadoria, só pode ser sobre aquilo que circula. O que não circula pode ser contratado, e é o valor do contrato, mas não é ICMS. Pode ser qualquer coisa, mas não pode ser ICMS.
>
> Adiro inteiramente ao voto do Sr. Ministro Relator, que desceu a detalhes e, por isso, me confundi, dando parcial provimento ao recurso especial.

Entretanto, como já tratado, ao se referir a um conceito somente pela enunciação do termo designativo, abre-se espaço amplo para a vagueza, dando origem a incertezas quanto à abrangência do conceito que determina a incidência do tributo e certas situações objetivas. Foi precisamente o que ocorreu no caso submetido à análise do Tribunal: não se sabia se a expressão "preço corrente" envolvia (i) toda a quantia fixada no contrato (consumo + demanda contratada + diferencial de demanda), como postulavam os Estados; (ii) se apenas o montante efetivamente consumido (somente energia consumida), como pretendia a recorrente; ou se, como terminou decidindo o tribunal, (iii) deveria a incidência ocorrer sobre a combinatória das parcelas referentes à demanda medida e à quantidade de energia consumida.

Essa condição bem ilustra o papel das definições técnicas dadas pelas agências: muito embora elas não tenham o condão de alterar *diretamente* os termos da lei, ao lhes dar contornos mais precisos, permitem incluir ou excluir certos elementos do âmbito da incidência a depender das propriedades que se estipulem, modificando substancialmente os domínios da incidência dos tributos. Se bem analisarmos os efeitos da criação da tarifa binômia pela ANEEL, perceberemos que efetivamente foram alteradas as regras de cálculo do ICMS devido pelo consumo de energia elétrica a despeito de a expressão "preço corrente" da Lei Complementar 87/96 ter permanecido a mesma.

1.5.2 Classificação Fiscal e definições da ANVISA

Nos autos do REsp 1.555.004/SC[279] é possível perceber um exemplo de conflito entre a definição dada pela ANVISA e aquela dada na legislação tributária que institui a NCM e trata de sua interpretação. A controvérsia foi assim descrita pelo Min. Relator:

> Afirma a recorrente que a importação de seus produtos é classificada como cosmético (NCM 3401.11.90), inclusive por orientação da ANVISA (conforme registro de fls. 707/723), e repudia o recente entendimento da Autoridade Aduaneira de Itajaí/SC em determinar a classificação como sabão medicinal (NCM 3401.11.10).

---

279. STJ. REsp 1.555.004/SC. Primeira Turma. Rel. Min. Napoleão Nunes Maia Filho. DJe 25.02.2016.

Havia portanto uma disputa entre as definições dadas, de um lado, pela ANVISA que considera o produto como cosmético, e pelas autoridades aduaneiras, que o tomavam por sabão medicinal, valendo-se do instituído nas *Notas Explicativas do Sistema Harmonizado de Designação e de Codificação de Mercadorias*, segundo a qual são sabonetes medicinais todos aqueles que contiverem ácido bórico, ácido salicílico, enxofre e sulfamidas.

A aplicação dessas *notas explicativas* é prevista na legislação aduaneira como critério de solução de dúvidas quanto à classificação de mercadorias. É com fundamento nesses dispositivos que devem ser apurados os tributos aduaneiros[280]. Trata-se, inegavelmente, de legislação tributária.

Ocorre que o Tribunal, por ocasião desse julgado, deu preferência à aplicação da classificação pelos parâmetros previstos pela ANVISA, fundando-se, para tanto, no argumento de que

> neste caso, cabe à ANVISA não somente a atribuição de realizar a classificação do produto, mas também o dever da vigilância sanitária, coisa que, a toda evidência, não pertence às atribuições fiscais e aduaneiras, inclusive porque os seus agentes não dispõem do conhecimento técnico-científico exigido para esse mister; se, por acaso, algum fiscal ou agente aduaneiro detiver conhecimento químico ou farmacêutico capaz de realizar essa análise, ainda assim, não poderia fazê-lo, por lhe faltar a competência funcional; a mesma coisa ocorre nos julgamentos judiciais, quando a matéria controversa depende de conhecimento especializado, hipótese em que se requer a participação esclarecedora de um perito, ainda que o Magistrado domine a solução dos problemas do fato.

Chega até mesmo a se referir a Parecer expedido pelo órgão regulador[281]:

---

280. Cf. Decreto- Lei 1.154/71, art. 3º.

281. Não foi essa única vez que uma manifestação da ANVISA determinou a classificação fiscal a par das autoridades aduaneiras. No mesmo sentido: *"A pesquisa apura a licitude do uso de definições expedidas por agências reguladoras na construção de sentido das normas jurídicas tributárias, procurando identificar as condições que determinam seu uso em concorrência com os dispositivos do direito tributário e de outros subdomínios jurídicos."* (STJ. REsp AgRg no REsp 801.550/BA. Segunda Tur-

> Neste caso, aliás, deve-se sublinhar que a ANVISA expediu um Parecer definindo a natureza cosmetológica do sabão antiacne (fls. 707/723), de modo que se pode considerar, na via administrativa essa questão como uma questão encerrada, até porque, a Aduana não é instância revisora das decisões da ANVISA.

Pois bem. O acolhimento de documentos normativos expedidos pela ANVISA para infirmar a classificação fiscal ditada nas *notas explicativas*, produz efeitos significativos na apuração do tributo devido, já que submete a mercadoria importada à alíquota diversa, modificando o critério quantitativo mesmo quando alteração alguma venha a ser promovida no teor da legislação que instala a NCM no ordenamento jurídico-brasileiro.

Voltando aos termos da hipótese de trabalho acima formulada, essa decisão conflita com o parâmetro estabelecido no item *iii*, repito-o aqui: *"tratando-se de termo que não é referido no texto Constitucional, é permitido o uso da definição técnica de agência reguladora se não houver lei específica tributária definindo o conceito (cf. art. 109 do CTN)"*. Com efeito, a prevalecer as disposições específicas tributárias, deveria o produto ter sido classificado como *sabão medicinal*, tal como as autoridades aduaneiras haviam procedido e, posteriormente, o Tribunal Regional Federal da 4ª Região[282], reconheceu na origem. Decisão que representa impactos negativos não apenans na apuração dos tributos aduaneiros federais, mas também no contexto da apuração de tributos estaduais (ICMS-Importação). Retomarei o tema adiante.

---

ma. Rel. Min. Herman Benjamim. DJe 23.05.2016).

282. "IMPORTAÇÃO. NOTAS EXPLICATIVAS. CLASSIFICAÇÃO FISCAL. NCM. Não cabe aplicação de normas exaradas pela ANVISA para fins de classificação fiscal, mormente quando as Notas Explicativas do Sistema Harmonizado de Designação e de Codificação de Mercadorias elucidam eventual dúvida a respeito da posição em que deve ser classificada a mercadoria importada (fls. 1.048)."

1.5.3 Base de cálculo do IR e CSLL de estabelecimentos hospitalares

Outro caso significativo para a presente pesquisa é o posicionamento do STJ a respeito dos requisitos que deveriam ser implementados pelos contribuintes para aproveitar os percentuais de lucro presumido atribuídos à receita de serviços hospitalares, nos termos dos arts. 15 e 20 da Lei 9.249/95.

A controvérsia instalada entre os contribuintes e o Fisco referia-se à necessidade destes adequarem seus estabelecimentos às normas previstas na Resolução ANVISA 50/2002. Esse diploma previa normas para a instalação de estabelecimentos hospitalares, dentre elas estipulava o requisito de que o local tivesse "capacidade de internação hospitalar" e fosse expedida certificação pela entidade municipal ou estadual de vigilância sanitária, que atestasse o cumprimento das várias diretivas da norma da Agência.

No caso, o Tribunal chegou a manifestar, no regime dos recursos repetitivos[283], o entendimento de que:

> 2. Por ocasião do julgamento do RESP 951.251-PR, da relatoria do eminente Ministro Castro Meira, a 1ª Seção, modificando a orientação anterior, decidiu que, para fins do pagamento dos tributos com as alíquotas reduzidas, a expressão "serviços hospitalares", constante do artigo 15, § 1º, inciso III, da Lei 9.249/95, deve ser interpretada de forma objetiva (ou seja, sob a perspectiva da atividade realizada pelo contribuinte), porquanto a lei, ao conceder o benefício fiscal, não considerou a característica ou a estrutura do contribuinte em si (critério subjetivo), mas a natureza do próprio serviço prestado (assistência à saúde). Na mesma oportunidade, ficou consignado que os regulamentos emanados da Receita Federal referentes aos dispositivos legais acima mencionados não poderiam exigir que os contribuintes cumprissem requisitos não previstos em lei (a exemplo da necessidade de manter estrutura que permita a internação de pacientes) para a obtenção do benefício. Daí a conclusão de que "a dispensa da capacidade de internação hospitalar tem supedâneo

---

283. STJ. REsp 1.116.399/BA. Primeira Seção. Rel. Min. Benedito Gonçalves. DJe 24.02.2010.

TRIBUTAR NA ERA DA TÉCNICA

diretamente na Lei 9.249/95, pelo que se mostra irrelevante para tal intento as disposições constantes em atos regulamentares".

3. Assim, devem ser considerados serviços hospitalares "aqueles que se vinculam às atividades desenvolvidas pelos hospitais, voltados diretamente à promoção da saúde", de sorte que, "em regra, mas não necessariamente, são prestados no interior do estabelecimento hospitalar, excluindo-se as simples consultas médicas, atividade que não se identifica com as prestadas no âmbito hospitalar, mas nos consultórios médicos".

Vale observar que o entendimento acima foi fixado em julgamento ocorrido em 28.10.2009, referindo-se à situação de fato ocorrida antes do início da vigência da Lei 11.727/2008. A nova legislação modificou o teor do art. 15, §1º, III, *a*, promovendo alteração de grande relevância, pois a redação anterior determinava a aplicação do percentual menor para: "serviços hospitalares", sem nada mais acrescentar. Já a nova expressão do dispositivo passou a discriminar minuciosamente o setor ao qual o benefício fiscal se dirige, restringindo significativamente sua abrangência e fazendo reenvio às normas da ANVISA:

> [...] serviços hospitalares e de auxílio diagnóstico e terapia, patologia clínica, imagenologia, anatomia patológica e citopatologia, medicina nuclear e análises e patologias clínicas, desde que a prestadora destes serviços seja organizada sob a forma de sociedade empresária e atenda às normas da Agência Nacional de Vigilância Sanitária – Anvisa;

Feita a observação e voltando à interpretação dada pelo STJ, o Tribunal prestigiou o entendimento de que o conceito apontado pelo termo legal "serviço hospitalar" deveria ser compreendido de modo amplo, voltando-se para a atividade de assistência à saúde prestada pelo contribuinte. As referências às resoluções da ANVISA feitas pela Fazenda Nacional em sua manifestação, foram preteridas pela Corte porque não eram mais adequadas do que o conceito identificado nos termos legais: enquanto a lei se relacionava à *atividade do contribuinte*, as resoluções da agência cuidavam dos *requisitos estruturais dos estabelecimentos* nos quais se poderia prestar as atividades. Trata-se da previsão do item *v* da hipótese de trabalho[284].

2. SÍNTESE CRÍTICA DOS USOS DE DEFINIÇÕES EXPEDIDAS PELAS AGÊNCIAS NA CONSTRUÇÃO DE SENTIDO DA RMIT

Os exemplos acima reunidos bem ilustram como as disposições definitórias estipuladas por agências reguladoras têm participado do processo interpretativo das normas jurídicas tributárias. Vê-se como o legislador e os julgadores têm se servido de disposições firmadas pelos entes reguladores para delinear contornos dos vários critérios da regra-matriz de incidência tributária, sendo perceptível o aumento a esse recurso argumentativo na jurisprudência recente, em especial do Superior Tribunal de Justiça, e nos "reenvios" feitos no interior dos textos legislados, tal como registrado no art. 16, parágrafo único, na Lei 11.941/2008, tratando da influência de normas expedidas pela CVM e demais "órgãos reguladores"[285]; ou na Lei 11.727/2008, que instituiu remissões às normas da ANVISA para fins de aplicação de benefício fiscal do IR[286].

Soma-se a esse fenômeno a intensidade com que o fenômeno da regulação é sentido nas condutas dos agentes de certos setores. Em muitos campos regulados, a liberdade contratual e a variação no formato dos negócios jurídicos foi substituída por fórmulas uniformes estipuladas em resoluções que ditam, com detalhes, os contornos das formas contratuais que podem ser praticadas pelas concessionárias e usuários, a exemplo do que acontece no campo das telecomunicações.

---

284. Transcrevo-a para facilitar a consulta: "[...] inexistente a referência constitucional e ausente qualquer enunciado legal definindo-o, deve-se utilizar a definição dada pela agência reguladora desde que os dados contextuais permitam descartar o "sentido comum" (cf. Art. 11, I, a, da Lei Complementar 95/98);"

285. Cf. item 4.2.2.1. do cap.3.

286. Cf. item 1.5.3. acima.

Nesses setores, mesmo quando a norma tributária parece não ter sido atingida em sua integridade conceptual, as normas expedidas pelas agências moldam os instrumentos contratuais, alterando indiretamente, mas com efeitos gerais e abstratos, a percussão tributária, seja pela alteração das tarifas praticadas[287], seja por outros aspectos da dinâmica contratual, como o intervalo de pagamento ou pelos parâmetros de mensuração do serviço[288] prestado.

Em síntese, a hipótese inicial parece confirmar-se na experiência, sendo possível apontar que existe (i) uma repercussão *direta* das definições nos conceitos utilizados pela regra-matriz de incidência tributária nos casos em que inexista uma definição própria do direito tributário para a questão e (ii) um segundo modo de intertextualidade interna, que afeta *indiretamente* a norma de incidência na medida em que muda os termos contratuais da relação concessionária-usuário (ou concessionária-concessionária, ou entre essas e outros agentes envolvidos no setor regulado).

É certo, ainda, que essas relações registram alguns conflitos, como vimos a propósito do uso de definições expedidas pela ANVISA no cotejo com as decisões tomadas pelas autoridades aduaneiras nos procedimentos de classificação fiscal[289].

Situações como essas mostram a necessidade de uma reflexão crítica a respeito desse assunto, à luz dos princípios que orientam a tributação na ordem constitucional brasileira, em especial o princípio da estrita legalidade tributária, relacionando-o ao problema da chamada "deslegalização" e dos "reenvios" explícita ou implicitamente promovidos pela lei tributária e perpetrados na interpretação judicial. É o que passo a fazer, abrindo caminho para a conclusão.

---

287. Cf. item 1.5.1. acima.

288. Cf. item 1.3.1. acima.

289. Item 1.5.2. acima.

2.1 *O uso de definições das resoluções expedidas pelas agências reguladoras na norma tributária geral e abstrata*

Se bem atinarmos para o desenho das garantias fundamentais que dão forma ao Estado Brasileiro, logo perceberemos o princípio da legalidade numa posição privilegiada, previsto entre os primeiros direitos assegurados no art. 5º da Constituição.

Trata-se de posição especialíssima, como anota Eros Roberto Grau, constituindo uma importante ponte entre o ideal de justiça e a dinâmica das forças que moldam a realidade subjacente. Em suas palavras:

> A única tentativa viável, embora precária, de mediação entre ambas [a ideia de justiça e realidade] é encontrada na *legalidade* e no *procedimento legal*, ou seja, no direito posto pelo Estado, este com o qual operamos no cotidiano forense, chamando-o *direito moderno*, identificado à lei.[290]

Tais contornos são ainda mais fortes na determinação da matéria tributária, que registra no art. 150, I, a legalidade como óbice requisito para o exercício da competência da União, Estados, Distrito Federal e Municípios, e verdadeira *garantia do contribuinte*. Tanto que muitos autores preferem dizer que estamos diante de um princípio especial, o da *estrita legalidade tributária*[291].

Recentemente, a exegese de tal princípio tem sido recebido duras críticas de certos setores da literatura especializada[292], que têm apregoado a necessidade de flexibilização desse

---

290. GRAU, Eros Roberto. *Por que tenho medo dos juízes (a interpretação/aplicação do direito e os princípios)*. São Paulo: Malheiros, 2013. p.17.

291. A exemplo de NOGUEIRA, Rui Barbosa. *Curso de Direito Tributário*. São Paulo: Saraiva, 1994. p. 260.

292. Aponto, como obra mais ilustrativa dos vários argumentos nesse sentido o texto de Silvia Faber Torres (TORRES, Silvia Faber. *A Flexibilização do Princípio da Legalidade no Direito do Estado*. Rio de Janeiro: Renovar, 2012.).

princípio. Fundamentam seu argumento na incapacidade do processo legislativo, moroso e burocrático, atender plenamente às necessidades da atual dinâmica social. Em reforço de sua tese, fazem notar algumas situações em que alguns aspectos relacionados à tributação vêm sendo excluídos da reserva de lei pela jurisprudência do Supremo Tribunal Federal[293].

Examinando as razões que levam a essa *mitigação* do princípio da legalidade, vale a pena citar as palavras de Ricardo Lobo Torres:

> Supera-se também a crença algum tanto ingênua na possibilidade de permanente fechamento dos conceitos tributários, como se nesse ramo do direito houvesse a perfeita adequação entre pensamento e linguagem e se tornasse viável a plenitude semântica dos conceitos. O direito tributário, como os outros ramos do direito, opera também por conceitos indeterminados, que deverão ser preenchidos pela interpretação complementar da Administração, pela contra-analogia nos casos de abuso do direito e pela argumentação jurídica democraticamente desenvolvida.
>
> O problema dos conceitos indeterminados está no cerne da metodologia jurídica. A sua maior ou menor abertura depende da própria natureza e estrutura do tributo a que se aplica. A problemática da tipicidade, entendida como princípio da determinação (*Tatbestandbestimmtheit*), absorve em boa parte a dos conceitos indeterminados.[294]

Com efeito, dada a natureza assintótica da linguagem para com a realidade que ela pretende significar, sempre haverá espaço para especular a adequação de um elemento a um conceito ante a verificação de propriedades não previstas inicialmente na definição legal. Vista assim, a questão dos

---

293. Vale notar, que a jurisprudência tem admitido a fixação, sem lei, de critérios relacionados a outras normas que não a RMIT (como a norma de pagamento do IPI, no RE 140.669. Pleno. Rel. Min. Ilmar Galvão. DJ 14.05.2001), admitindo também apenas a atualização monetária dos parâmetros utilizados na base de cálculo (RE 648.245. Pleno. Rel. Min. Gilmar Mendes. DJe 24.02.2014).

294. TORRES, Ricardo Lobo. *A Legalidade Tributária e os seus Subprincípios Constitucionais.* In: Revista de Direito da Procuradoria Geral do Estado do Rio de Janeiro. n. 58. Rio de Janeiro: 2004. p.202.

conceitos indeterminados não é, propriamente, uma questão *especial* no direito tributário, administrativo ou regulador, uma vez que todo conceito jurídico carregará um *quantum* de indeterminação, herdado da linguagem natural e é ínsito a sua relação com a sempre cambiante realidade social.

Se admitíssemos a fixação de tais parâmetros por meio de dispositivos expedidos por órgãos da administração, ao fim, promoveríamos tão somente a substituição do veículo introdutor credenciado para expedir novos parâmetros de definição dos conceitos, por outro, mas alinhado à ideologia que defendemos.

É assim porque as normas introduzidas, mesmo aquelas expedidas pelas agências e órgãos administrativos, também se servem da enumeração de propriedades para descrever em termos conotativos (ou mesmo enumerar, colocando em termos denotativos), as circunstâncias que determinam a aplicação ou não do conceito a uma dada situação objetiva.

A opção para que tal definição seja estabelecida por uma lei ou por uma resolução de agência reguladora, é discussão que demanda uma decisão política e, nesse aspecto, não há espaço para dúvidas de que a Constituição firma a lei como único veículo introdutor apto a instituir ou majorar tributos (art. 150, I). A discussão pela insuficiência desse modelo de legalidade estrita confunde o direito brasileiro como ele se apresenta e o direito brasileiro como referidos autores gostariam que ele fosse. Trata-se de pretensões legítimas para discussão no foro da política, mas que apenas deturpam a compreensão do dado jurídico.

Ainda assim, há referências jurisprudenciais à deslegalização. Vejamos como o tema vem sendo colocado nas manifestações públicas, inicialmente, no direito regulador e, em seguida, no direito tributário.

2.1.1 Deslegalização e as normas das agências reguladoras

Já traçamos nesse trabalho as linhas gerais de como a doutrina justifica a chamada deslegalização promovida pela legislação que institui as agências reguladoras. Ainda que se oponha críticas ao termo, é certo que, tal como admite o STF, o exercício do poder regulamentar não se limita à mera repetição dos termos legais, como reconhece o Min. Celso de Mello:

> É preciso ter em mente que, não obstante a função regulamentar efetivamente sofra os condicionamentos normativos impostos, de modo imediato, pela lei, o Poder Executivo, ao desempenhar concretamente a sua competência regulamentar, não se reduz à condição de mero órgão de reprodução do conteúdo material do ato legislativo a que se vincula.[295]

Como reconhece a doutrina administrativista, alinhando-se ao que decidiu o STF na ADI 1.668-5/DF[296] esse campo reservado à competência das agências reguladoras deve guardar sempre a subordinação à lei, preservando o caráter de acessório desta, tal como aponta Marçal Justen Filho:

> A competência regulamentar (normativa) do Executivo é dependente e acessória da competência normativa do Legislativo. Não há outro campo normativo reservado para o regulamento, o sentido de que a Constituição não estabeleceu áreas para disciplina privativa e exclusiva por via regulamentar. Ao contrário, existe campo normativo reservado à lei, na acepção de que somente através de lei pode haver disciplina para determinadas matérias.[297]

De fato, não se pode esquecer que as agências reguladoras, mesmo com sua autonomia, permanecem sujeitas aos princípios que regem a administração pública e estão insculpidos no art. 37 da Constituição, dentre eles o da legalidade[298]. Assim adverte Caio Tácito:

---

295. ADI 561-8. Rel. Min. Celso de Mello. Pleno. DJ 23.03.2001.

296. Cf. item 4.3., cap. 2.

297. JUSTEN FILHO, Marçal. *O direito das Agências Reguladoras Independentes.* São Paulo: Dialética, 2002. p.505.

298. Cf. itens 4.3. e 4.4. do Cap. 2.

> [...] a liberdade decisória das Agências Reguladoras não as dispensa do respeito ao princípio da legalidade e aos demais fixados para a Administração Pública, no art. 37 da Constituição Federal de 1988, inclusive o princípio da eficiência incluído pela Emenda Constitucional 19/98.[299]

A atribuição de competência normativa às agências reguladoras, portanto, não se faz em simples substituição ao princípio da legalidade. Trata-se de reservar a lei para a previsão de conceitos com maior grau de indeterminação e permitir às agências estipular regras melhor adaptadas às exigências técnicas do setor, por meio de diretivas ulteriores, realizando algo muito próximo ao descrito por Hart:

> [...] Precisamos nos recordar que a incapacidade humana para antecipar o futuro, que está na raiz desta indeterminação [conceptual], varia em grau nos diferentes campos de conduta e que os sistemas jurídicos providenciam quanto a esta incapacidade através de uma variedade correspondente de técnicas.
>
> Por vezes, o domínio que deve ser juridicamente controlado é reconhecido desde o princípio como um domínio em que os aspectos dos casos individuais variarão tanto, em contextos socialmente importantes mas imprevisíveis, que não podem ser criadas pelo poder legislativo, de forma antecipada, regras uniformes destinadas a ser aplicadas caso a caso, sem directivas oficiais ulteriores. Por isso, para regular tal domínio, o poder legislativo traça padrões muito gerais e delega então num corpo administrativo, dotado de poder regulamentar e familiarizado com os vários tipos de caso, o papel de moldar regras adaptadas às suas necessidades especiais.[300]

Essa atualização constante e o grau de sofisticação técnica que esse tipo de disposição exige, fundamentam o uso dos conceitos indeterminados na legislação, aumentando a liberdade estipulativa entregada à agência reguladora, como aponta Diogo de Figueiredo Moreira Neto:

---

299. TÁCITO, Caio. Agências Reguladoras da Administração. In: *Revista de Direito Administrativo*. n. 221. Rio de Janeiro. jul./set. 2000. p.5.

300. HART, Herbert L. A. *O conceito de Direito*. Trad. A. Ribeiro Mendes. Lisboa: Calouste Goulbenkian, 1986. pp.143-144.

TRIBUTAR NA ERA DA TÉCNICA

> [...] em princípio, não se fazia a necessária e nítida diferença entre as matérias que exigem escolhas político-administrativas e as matérias em que devam prevalecer as escolhas técnicas. A competência legislativa dos Parlamentos, que tradicionalmente sempre lhes foi privativa, na linha do postulado da separação dos Poderes, se exerceu, de início, integral e indiferenciadamente sobre ambas. Somente com o tempo e o reconhecimento da necessidade de fazer a distinção, até mesmo para evitar que decisões técnicas ficassem cristalizadas em lei e se tornassem rapidamente obsoletas, é que se desenvolveu a técnica das delegações legislativas.[301]

Essa especialidade técnica que fundamenta a competência normativa das agências, termina por criar um *contexto jurídico próprio*, razão pela qual muitos autores tratam da criação de ordenamentos setoriais[302], que limitam significativamente o âmbito de aplicação dessas definições. Nesses domínios os sujeitos foram expressamente pela Constituição[303] e pelas leis instituidoras[304] para desempenhar as competências normativas referidas. Não é o que acontece no direito tributário, como veremos.

2.1.2 Deslegalização no direito tributário e sua inaplicabilidade à regra-matriz de incidência tributária

Os fundamentos que autorizam a deslegalização de certas matérias em favor da produção de normas pelas agências reguladoras não se repetem para a matéria tributária. Com efeito, vimos que a literatura especializada, em sensível maioria, reconhece a existência de um princípio da *estrita legalidade tributária*, expressamente previsto no art. 150, I, da Constituição.

---

301. MOREIRA NETO, Diogo de Figueiredo. Natureza Jurídica. Competência Normativa. Limites de Atuação. In: *Revista de Direito Administrativo*. n. 215. jan/mar. 1999. p.75.

302. Cf. item 2.2.2 do Cap. 3.

303. Cf. arts. 21, XI (ANATEL) e 177, §2º, III (ANP).

304. Ver tabela no item 2.1. do Cap. 2.

173

Diferentemente do que sucede no direito administrativo, em que se diz que *a conduta da administração* deve-se dar em consonância à lei, a Constituição determina que a competência normativa para a imposição de ônus aos contribuintes encontra-se expressamente limitada à figura da lei, já que a cobrança e o aumento dos tributos devem encontrar previsão em lei.

Isso não impede que se fale em "deslegalização" no direito tributário, como se verifica na jurisprudência do STF. Com efeito, a Suprema Corte tem admitido que disposições de veículos introdutores infralegais participem da construção de sentido de normas que versam *indiretamente* sobre tributos.

Ocorre que tal reconhecimento somente pode ser admitido naquilo que Paulo de Barros Carvalho chama de normas jurídicas tributárias em sentido amplo[305], isto é, normas que tratam de deveres instrumentais e outros elementos ligados ao tributo, mas que não determinam constituição da obrigação tributária em si.

Exemplo dessa orientação é bem retratado no RE 140.669, que usa a expressão "deslegalização" para se referir à possibilidade de norma infralegal fixar *prazo para o pagamento*:

> EMENTA: TRIBUTÁRIO. IPI. ART. 66 DA LEI 7.450/85, QUE AUTORIZOU O MINISTRO DA FAZENDA A FIXAR PRAZO DE RECOLHIMENTO DO IPI, E PORTARIA 266/88/MF, PELA QUAL DITO PRAZO FOI FIXADO PELA MENCIONADA AUTORIDADE. ACÓRDÃO QUE TEVE OS REFERIDOS ATOS POR INCONSTITUCIONAIS.
>
> Elemento do tributo em apreço que, conquanto não submetido pela Constituição ao princípio da reserva legal, fora **legalizado** pela Lei 4.502/64 e assim permaneceu até a edição da Lei 7.450/85, que, no art. 66, o **deslegalizou**, permitindo que sua fixação ou alteração, se processasse por meio da legislação tributária (CTN, art. 160), expressão que compreende não apenas as leis, mas também os decretos e as normas complementares (CTN, art. 96).

---

305. CARVALHO, Paulo de Barros. *Curso de Direito Tributário*. São Paulo: Saraiva, 2017. p.252.

TRIBUTAR NA ERA DA TÉCNICA

No entanto, o uso de veículos introdutores infralegais para instituir algum dos critérios componentes da regra-matriz de incidência tributária é duramente rechaçada pela jurisprudência do tribunal[306]. Em relação a esses critérios, a Corte vem admitindo apenas que os textos infralegais disponham tão somente sobre a explicitação do alcance dos termos já utilizados na lei e, mais recentemente, a atualização monetária de seus valores[307].

2.1.3 Critérios para o uso de definições expedidas por agências reguladoras na interpretação das normas tributárias gerais e abstratas

Ante esses contornos traçados no direito positivo brasileiro, notadamente a específica feição que o texto constitucional dá ao princípio da legalidade no direito tributário, as definições expedidas pelas agências reguladoras não poderão mais do que explicitar o sentido dos termos utilizados na lei tributária e, mesmo assim, tão apenas quando ela não dispuser a respeito do uso de definições mais específicas[308] (cf. art. 109 do CTN), expondo a "acepção técnica" daqueles termos.

2.2 As definições das agências reguladoras e os negócios praticados pelas concessionárias junto aos particulares

Como vimos, o reenvio a normas infralegais no estabelecimento de definições que integram a norma jurídica tributária

---

306. Exemplifico com STF. RE 894.605/DF. Primeira Turma. Rel. Min. Roberto Barroso. Julgamento 15.03.2016 e STF.

307. Como aconteceu na decisão da Suprema Corte que reconheceu a competência do Executivo Municipal para, sem editar lei própria, atualizar monetariamente os valores utilizados para o cálculo do IPTU (RE 648.245. Pleno. Rel. Min. Gilmar Mendes. DJe 24.02.2014).

308. Desse modo, a interpretação dada pelo STJ no caso relatado no item 1.5.2. acima estaria em claro descompasso, quando prefere as disposições da ANVISA às regras das *Notas Explicativas...*, expressamente prescritas na legislação como o parâmetro pelo qual devem ser resolvidos os conflitos de classificação fiscal.

em sentido estrito é obstado pelo princípio da estrita legalidade (art. 150, I, CF) e pela prevalência das disposições específicas tributárias na interpretação dos efeitos próprios desse contexto normativo (nos termos do art. 109, CTN). Ainda assim, foi possível apontar alguns exemplos na legislação em que esse reenvio é expressamente prescrito e, também, uma abertura para o uso dessas definições na compreensão dos conceitos normativos tributários quando inexistir prescrição específica na lei fiscal.

No entanto, muito mais sutil e frequente é o uso de dispositivos das resoluções de agências reguladoras para determinar os contornos do fato jurídico que se pretende submeter à tributação. Por essa via, o esforço do intérprete não se volta tanto à compreensão do sentido da *premissa maior* do raciocínio silogístico envolvido na subsunção tributária, volta-se à *premissa menor*, investigando-a precisamente nos campos em que a regulação é tão minuciosa que dita o teor dos negócios jurídicos desempenhados entre a concessionária, seus usuários e demais agentes envolvidos no setor.

Compreender o contexto normativo a partir do qual são expedidas as definições técnicas das próprias agências é condição para que possamos verificar sua adequação à interpretação dos contornos do fato jurídico que se pretende subsumir à previsão da norma geral e abstrata tributária.

2.2.1 *"Discricionariedade técnica" como critério de "assepsia" das definições emitidas pelas agências reguladoras*

Pois bem, no exercício de sua competência normativa, as entidades reguladoras tomam as decisões a respeito da melhor forma de organizar as relações jurídicas desenvolvidas entre os agentes, visando a alcançar as finalidades legalmente estabelecidas como a política setorial. Essas decisões são orientadas por aquilo que a doutrina administrativista denominou "discricionariedade técnica". A despeito de a discussão

TRIBUTAR NA ERA DA TÉCNICA

sobre o assunto somente ter se avolumado a partir do advento das agências reguladoras no Brasil, não se trata de conceito novo, como reconhece Maria Sylvia Zanella Di Pietro:

> No que diz respeito à discricionariedade técnica, como um dos suportes para o reconhecimento de validade às funções normativas das agências reguladoras, a primeira observação a fazer é no sentido de que a sistemática norte-americana, de deixar os conceitos indeterminados para definição pela Administração Pública, já vem sendo adotada, no Brasil, desde longa data, por inúmeros entes da Administração Pública, que exercem função normativa, como o Conselho Monetário Nacional, o Banco Central, a Secretaria da Receita Federal, a Comissão de Valores Mobiliários, dentre inúmeros outros. A questão, no entanto, só foi levantada a partir do momento em que começaram a ser criadas autarquias com a denominação de agências reguladoras, com a delegação de função normativa. Foi como se, apenas nesse momento, se tomasse consciência de uma realidade presente desde longa data e se procurasse encontrar fundamento jurídico para a mesma.[309]

De fato, as primeiras definições para o fenômeno remontam à década de 1930[310]. Desde aquela época, a noção de discricionariedade técnica é definida em contraposição à discricionariedade política, como faz Diogo de Figueiredo Moreira Neto:

---

309. DI PIETRO, Maria Sylvia Zanella. Discricionariedade Técnica e Discricionariedade Administrativa. In: *Revista Eletrônica de Direito Administrativo Econômico*. n.9. Salvador: IBDP, fev/mar/abr de 2007. p.12.

310. Corroborando seu argumento, Di Pietro cita trecho de Giannini, datado de 1939, que define: "[...] *a discricionariedade técnica é entendida não em relação ao interesse público, mas em relação às regras, aos ensinamentos das disciplinas técnicas, enquanto a discricionariedade em sentido próprio é entendida somente em relação ao interesse público: reconhece-se que em ambas se encontra uma apreciação de oportunidade, mas a discricionariedade técnica dá lugar a uma valoração de tipo científico, concernente ao fenômeno natural em si, não em coordenação com os outros fenômenos sociais: a discricionariedade em sentido próprio dá lugar a uma valoração de tipo político, em que o fenômeno é não mais do tipo natural, mas social, relacionado a um grupo de outros fenômenos sociais.*" (GIANNINI, M. S. Apud. DI PIETRO, Maria Sylvia Zanella. Discricionariedade Técnica e Discricionariedade Administrativa. In: *Revista Eletrônica de Direito Administrativo Econômico*. n.9. Salvador: IBDP, fev/mar/abr de 2007. p.7.).

LUCAS GALVÃO DE BRITTO

> [...] difere da discricionariedade político-administrativa tradicional pela "vinculação" que necessita ter com motivos científicos e tecnológicos que tornam a escolha tecnicamente a mais adequada e, por vezes, a única adequada.[311]

Essa expectativa por uma decisão "vinculada" a critérios tecnológicos e científicos, em detrimento de motivações políticas, é bem representativa de uma mudança que vem se efetivando nas sociedades contemporâneas[312].

É justamente nesse tom "despolitizado[313]" que reside o maior apelo do recurso às definições de agências reguladoras para exprimir o que um certo dado jurídico "*de fato é*", facilitando o raciocínio subsuntivo. Uma tal definição, dada segundo a pauta técnica, seria livre das "impurezas" dos interesses políticos do Estado Fiscal e dos próprios contribuintes, servindo de parâmetro isento para orientar a interpretação normativa.

Ocorre que, muito embora se costume justificar suas normas pelo recurso à técnica, como anota Marçal Justen Filho,

---

311. MOREIRA NETO, Diogo de Figueiredo. Natureza Jurídica. Competência Normativa. Limites de Atuação. In: *Revista de Direito Administrativo*. n. 215. jan/mar. 1999. p.82.

312. Fenômeno que, como anotam Lescano e Teubner, remetem a uma previsão de Niklas Luhmann sobre essa transição de um modelo político para um modelo de expectativas cognitivas, prestigiando a ciência e a tecnologia como parâmetros para dirigir a conduta intersubjetiva, cujos efeitos se espalham pela ordem internacional. Veja-se: "*In 1971, while theorizing on the concept of world society, Luhmann allowed himself the "speculative hypothesis" that global law would experience a radical fragmentation, not along territorial, but along social sectoral lines. The reason for this would be a transformation from normative (politics, morality, law) to cognitive expectations (economy, science, technology); a transformation that would be effected during the transition from nationally organized societies to a global society.*" (LESCANO, A. et TEUBNER, G. "Regime-collisions: The Vain Search for Legal Unity in the Fragmentation of Global Law", Michigan Journal of International Law, vol. 25 (2004). p.1000).

313. "*Esta orientação primária por parâmetros científicos importa em redução do espectro de opções válidas com a determinação da melhor escolha segundo critérios objetivamente aferíveis por agentes especializados envolvidos no processo, produzindo uma maior racionalização e despolitização no exercício da atividade reguladora pelo Estado.*" (MOURA, Emerson Affonso da Costa. Agências, expertise e profissionalismo: o paradigma da técnica na administração pública. *Revista de Direito Administrativo*, Rio de Janeiro, v. 254, p. 67-94, abr. 2013. p.73).

> O conhecimento técnico poderá funcionar como instrumento de delimitação das alternativas disponíveis, mas dificilmente eliminará a pluralidade de alternativas. Haverá uma margem de escolhas, a qual propiciará um juízo de conveniência e oportunidade por parte da autoridade encarregada de promover a aplicação da norma geral.[314]

Desse modo, ainda assim haverá a necessidade de uma decisão e mantém-se aberto o espaço da discricionariedade, dificultando essa pretensa "assepsia" da discricionariedade técnica. É justamente a característica de *decisão* que as disposições das agências reguladoras precisam assumir a feição prescritiva de normas e não de meros estudos técnico-científicos. Ao fim, essas determinações se destinam a prescrever condutas e não a descrever cientificamente realidades objetivas[315].

Apesar de revestir suas decisões com discurso técnico, não se pode perder de vista o propósito específico dessas comunicações jurídicas: destinam-se a decidir sobre a conduta que deverá ser implementada, preterindo outras (as vezes até proibindo-as). Por isso mesmo, descabe o argumento ontológico de que a definição instituída pela agência reguladora seja capaz de descrever um determinado fato *"tal como ele é"*, porque seria orientada por uma discricionariedade técnica.

Trata-se de prescrição que se insere no ordenamento jurídico como tantas outras. Se as normas emitidas pelas agências definem algo, fazem-no por meio de sua liberdade estipulativa, decidindo politicamente para implementar os valores que o ordenamento jurídico prescreve para o setor.

---

314. JUSTEN FILHO, Marçal. *O direito das Agências Reguladoras Independentes.* São Paulo: Dialética, 2002. p.528.

315. Nesse sentido, Auta Alves Cardoso anota que *"Sabemos que as agências reguladoras, extrapolam os limites da atividade técnica e da atividade discricionária, visto que as normas que edita, não raro, criam direitos e obrigações para os administrados."* (CARDOSO, Auta Alves. *Exploração de Petróleo e Gás Natural. Reflexões jurídicas sobre a oneração de tal atividade.* São Paulo: Noeses, 2015. p. 116).

2.2.2 Parâmetros para o emprego de definições expedidas pelas agências reguladoras na compreensão dos fatos jurídicos sujeitos à tributação

Vimos que o fato de as definições das agências reguladoras assumirem prescritivo não invalida sua utilização como elemento na construção de sentido das normas jurídicas tributárias sempre que os contextos normativos da prescrição fiscal e da norma reguladora se alinharem.

Feitas as ressalvas quanto ao contexto normativo, é certo que prescrições expedidas pelas agências reguladoras que estabelecem formatos contratuais afetam diretamente o negócio jurídico recolhido como suporte fático para a incidência de tributos. Essas determinações, porque revestidas pela discricionariedade técnica, se assemelham bastante em funcionamento aos laudos periciais expedidos por especialistas, orientando a subsunção do negócio jurídico praticado pelos contribuintes às disposições já traçadas pela legislação fiscal. É o que acontece, com frequência, no recurso às definições técnicas expedidas pela ANATEL para a definição do alcance da incidência do ICMS sobre os serviços onerosos de comunicação, ou da ANEEL para determinar o conteúdo da expressão "preço corrente da energia elétrica" no ICMS incidente sobre essa mercadoria.

Desse modo, a pesquisa nos termos das resoluções tem o condão de explicitar elementos técnicos do próprio negócio jurídico tributado, fornecendo ao intérprete mais subsídios para que este possa verificar se o fato atende aos requisitos previstos na norma geral e abstrata tributária. Esforço que exige *sempre* o respeito às disposições legais de instituição do tributo e, em última análise, sem jamais ultrapassar as materialidades constitucionalmente erigidas.

CONCLUSÃO: DA HIPÓTESE À TESE

Ao fim do experimento, é possível afirmar que há fundamentos aptos a autorizar o uso de definições de agências reguladoras na interpretação das normas jurídicas tributárias em sentido estrito.

Seu emprego é observado no direito positivo de duas maneiras: (i) na construção de sentido das normas jurídica tributárias gerais e abstratas, explicitando o teor de conceitos expressos na legislação, podendo participar em cada um dos critérios da regra-matriz de incidência tributária; e (ii) em amparo à operação lógica de subsunção, permitindo ao intérprete identificar, nos aspectos regulados do negócio jurídico praticado pelo contribuinte, os traços relevantes para a incidência da norma geral.

Para que o uso da definição técnica de agência reguladora possa ser justificado à luz do princípio da estrita legalidade e das disposições que disciplinam o processo interpretativo no direito tributário – em especial, mas não exclusivamente, as prescrições do art. 11 da Lei Complementar 95/98, do art. 2º da LINDB e dos arts. 109 e 110 do CTN – é preciso que se verifiquem as seguintes condições:

1. Tratando-se de conceito referido na lei instituidora do tributo e também *utilizado pela Constituição* para definir competência:

– Inexistir definição legal fixada em qualquer outro diploma normativo pré-existente, que permita conhecer as propriedades que formam o conceito;

– A definição expedida pela agência deve explicitar o "significado técnico" (e não discricionário em termos políticos) da expressão usada no texto constitucional;

– Caso o termo tenha uma acepção *comum* e uma acepção técnica (expressa na definição expedida pela agência reguladora), será necessário submeter sua interpretação ao cotejo dos dados contextuais para decidir pela aplicação de uma ou outra, inexistindo regra no ordenamento que garanta a preferência, *a priori*, de uma ou outra voz da palavra.

2. Tratando-se de conceito referido na lei instituidora do tributo, mas *sem previsão no texto constitucional*, no que tange à repartição de competências:

– Existindo definição legal para o mesmo conceito:

– Deve-se dar preferência à definição disposta na lei tributária ou aquela expressamente referida por ela.

– Inexistente definição específica na lei fiscal (ou faltante referência explícita), deve-se examinar o contexto da norma jurídica tributária, mais precisamente o universo de relações jurídicas às quais se aplicará a pretensão fiscal examinada:

– Se estipula regra inserida em regime geral de apuração, deve-se utilizar a definição mais ampla, porque mais adequada ao contexto;

TRIBUTAR NA ERA DA TÉCNICA

> — Se, ao contrário, se trata de regime especial instituído para disciplinar aquele setor, deve-se preferir a definição dada pela norma técnica.

> — Inexistindo definição legal em outros diplomas normativos, ante a inexistência de regra que permita decidir, *a priori*, entre o "sentido comum" e o "técnico", deve-se interpretar o conceito em face os dados contextuais para identificar decidir entre:

>> — A aplicação do "sentido comum" da palavra;

>> — Ou a aplicação do "sentido técnico", ocasião em que a definição da agência reguladora comparece como evidência de seu uso na linguagem técnica.

Na segunda oportunidade de uso das definições técnicas, seu emprego desempenha papel muito semelhante aos recursos probatórios postos à disposição do aplicador das normas jurídicas, desempenhando, nesse particular, papel muito próximo da prova pericial. Nesses casos, o intérprete deve manter-se vigilante para não inserir no domínio da incidência elementos que ultrapassem as materialidades constitucionalmente firmadas ou os dispositivos legais instituidores dos tributos.

Respeitados tais limites, as definições expedidas pelas agências reguladoras atestam que o negócio jurídico praticado pelo contribuinte satisfaz – ou não – as condições exigidas pelo conceito da lei tributária para a ele subsumir-se, produzindo os efeitos fiscais correspondentes.

REFERÊNCIAS

ABBAGANO, Nicola. *Dicionário de Filosofia*. São Paulo: Martins Fontes, 2007.

ALCHOURRÓN, Carlos E.; BULYGIN, Eugenio. Definiciones y normas. In: *Análisis lógico y derecho*. Madrid: Centro de Estudios Constitucionales, 1991.

ALLAND, Denis et RIALS, Stéphane. *Dicionário de Cultura Jurídica*. São Paulo: Martins Fontes, 2012.

AMARO, Luciano. *Direito Tributário brasileiro*, São Paulo: Saraiva, 2013.

ARAGÃO, Alexandre. *Agências Reguladoras e a evolução do direito administrativo econômico*. 3ª ed. Rio de Janeiro: Forense, 2013.

ARAÚJO, Clarice von Oertzen de. *Semiótica do Direito*. São Paulo: Quartier Latin, 2005.

ATALIBA, Geraldo. *Ciência das Finanças, Direito Financeiro e Tributário*. São Paulo: RT, 1969.

ATALIBA, Geraldo. *Hipótese de incidência tributária*. São Paulo: Malheiros, 2010.

ÁVILA, Humberto. "Eficácia do Novo Código Civil na Legislação Tributária". GRUPENMACHER, Betina Treiger. (Coord.). *Direito Tributário e o novo Código Civil*. São Paulo: Quartier Latin, 2004. pp 62-79.

AZEVEDO, Eurico de Andrade. Agências reguladoras. In: *Revista de Direito Administrativo*. n. 213. jul./set. 1998. Rio de Janeiro: 1998. p. 142.

BARRETO, Aires F. Imposto sobre serviço de qualquer natureza. *Revista de Direito Tributário*. ns. 29/30.

BARRETO, Paulo Ayres. *Planejamento Tributário: Limites Normativos*. São Paulo: Noeses, 2016

BECKER, Alfredo Augusto. *Teoria Geral do Direito Tributário*. São Paulo: Noeses, 2010.

BOBBIO, Norberto. *Per una classificazione delle norme giuridiche*. In: BOBBIO, Norberto. Studi per una Teoria Generalle del Diritto. Torino: Giappichelli, 1970. p.11.

BORGES, Jorge Luís. *Funes el Memorioso*. In: Ficciones. 1994.

BRASIL, Ministério da Fazenda. *Trabalhos da Comissão Especial do Código Tributário Nacional*. Rio de Janeiro, 1954. Disponível em: «https://is.gd/8Ox9IX». Acesso em 02.12.2016.

BRITTO, Lucas Galvão de. *O Lugar e o Tributo: Ensaio sobre competência e definição do critério espacial na regra-matriz de incidência tributária*. São Paulo: Noeses, 2014.

BRITTO, Lucas Galvão de. *Sobre o uso de definições e classificações na construção do conhecimento e na prescrição de condutas*. In: CARVALHO, Paulo de Barros (Coord.) e BRITTO,

Lucas Galvão de (Coord.). Lógica e Direito. São Paulo: Noeses, 2016.

BRITTO, Lucas Galvão de. *Notas sobre a regra-matriz de incidência tributária*. Revista de Direito Tributário. nº 115. São Paulo: Malheiros, 2011.

CAMPILONGO, Celso Fernandes. Serviço público e regulação sistêmica. In: *Direito e Diferenciação Social*. São Paulo: Saraiva, 2011.

CANOTILHO, José Joaquim Gomes. *Constituição Dirigente e Vinculação do Legislador. Contributo para a compreensão das normas constitucionais programáticas*. Coimbra: Coimbra Editora, 1994.

CARDOSO, Auta Alves. *Exploração de Petróleo e Gás Natural. Reflexões jurídicas sobre a oneração de tal atividade*. São Paulo: Noeses, 2015.

CARRAZZA, Roque Antonio. *Curso de Direito Constitucional Tributário*. São Paulo: Malheiros, 2010.

CARRAZZA, Roque Antonio. *O Regulamento no Direito Tributário Brasileiro*. São Paulo: RT, 1981.

CARRIÓ, Genaro R. *Notas sobre Derecho y Lenguaje*. Buenos Aires: Abeledo Perrot, 2006.

CARVALHO, Aurora Tomazini de. *Curso de Teoria Geral do Direito*. São Paulo: Noeses, 2016.

CARVALHO, Paulo de Barros. *Curso de Direito Tributário*. São Paulo: Saraiva, 2017.

CARVALHO, Paulo de Barros. *Derivação e Positivação no Direito Tributário*. v. III. São Paulo: Noeses, 2016.

CARVALHO, Paulo de Barros. "*Entre a forma e o conteúdo na desconstituição dos negócios jurídicos simulados*". In: Ives Gandra da Silva Martins; Humberto Ávila. (Org.). Aspectos polêmicos do imposto de renda e proventos de qualquer natureza. 1 ed. Porto Alegre: Magister, 2014.

CARVALHO, Paulo de Barros. *Direito Tributário Linguagem e Método*. 4ª ed. São Paulo: Noeses, 2011.

CARVALHO, Paulo de Barros et MARTINS, Ives Gandra da Silva. Guerra Fiscal. *Refelexões sobre a concessão de benefícios no âmbito do ICMS*. São Paulo: Noeses, 2012.

CAVALLI, Cássio. "O controle da discricionariedade administrativa e a discricionariedade técnica. In: *Revista de Direito Administrativo*. n. 251. Rio de Janeiro: FGV, 2009.

COELHO, Sacha Calmon Navarro. *Curso de Direito Tributário Brasileiro*. São Paulo: Saraiva, 2015.

COPI, Irving M. *Introdução à lógica*. São Paulo: Mestre Jou, 1981.

DANTAS, San Tiago. *Problemas de Direito Positivo. Estudos e Pareceres*. Rio de Janeiro: Forense, 1953.

DE PLACIDO E SILVA, Oscar Joseph. *Vocabulário Jurídico*. 15 ed. Rio de Janeiro: Editora Forense, 1999.

DI PIETRO, Maria Sylvia Zanella. Discricionariedade Técnica e Discricionariedade Administrativa. In: *Revista Eletrônica de Direito Administrativo Econômico*. n.9. Salvador: IBDP, fev/mar/abr de 2007.

DI PIETRO, Maria Sylvia Zanella. Limites da Função Reguladora das Agências diante do Princípio da Legalidade. In: DI PIETRO, Maria Sylvia Zanella (Coord). *Direito regulatório: temas polêmicos*. Belo Horizonte, Fórum, 2004.

DUTRA, Pedro. O Poder Regulamentar dos Órgãos Reguladores. In: *Revista de Direito Administrativo.* n.221. jun-set. 2000. Rio de Janeiro, 2000.

ECO, Umberto. *As formas do conteúdo.* São Paulo: Perspectiva, 2010.

ECO, Umberto. *Kant e o Ornitorrinco.* Rio de Janeiro: Record, 1998.

ESTADOS UNIDOS DA AMÉRICA. Suprema Corte. Caso Nix v. Hedden, 149 U.S. 304. 1893.

FALCÃO, Amilcar de Araújo. *Fato Gerador da Obrigação Tributária.* São Paulo: Noeses, 2013.

FALCÃO, Amilcar de Araújo. *Interpretação e integração da lei tributária. Revista de Direito Administrativo,* Rio de Janeiro, v. 40, p. 24-37, jan. 1955.

FERRAZ JUNIOR, Tercio Sampaio. *Agências Reguladoras: Legalidade e Constitucionalidade.* Revista Tributária e de Finanças Públicas. nº 35. São Paulo: RT, nov.-dez. 2000.

FERRAZ JUNIOR, Tercio Sampaio. Como regular agências reguladoras?. *Revista Eletrônica de Direito Administrativo Econômico (REDAE),* Salvador, Instituto Brasileiro de Direito Público, nº. 17, fevereiro/março/abril, 2009.

FERRAZ JR. Tércio Sampaio. Grupo Econômico. Implicações do direito da concorrência no direito societário e sua repercussão no direito do trabalho. In: CARRAZZA, Roque Antonio et DONNINI, Rogério (coord.). *Temas Atuais de Direito.* São Paulo: Malheiros, 2008.

FISICHELLA, Domenico. *Tecnocracia.* In: BOBBIO, Norberto. MATTEUCCI, Nicola. et PASQUINO, Gianfranco. (Orgs.) *Dicionário de Política.* Brasília: UnB, 2010.

FLUSSER, Vilém. *Língua e Realidade*. São Paulo: Annablume, 2002.

FREITAS, Juarez. *O controle dos atos administrativos e os princípios fundamentais*. São Paulo: Malheiros, 2004.

FRYDMAN, Benoit. *O Fim do Estado de Direito*. Governar por standards e indicadores. Trad. Mara Beatriz Krug. Porto Alegre: Livraria do Advogado, 2016.

GAMA, Tácio Lacerda. *Competência Tributária*. Fundamentos para uma teoria da nulidade. São Paulo: Noeses, 2011.

GENY, François. O particularismo no direito fiscal. *Revista de Direito Administrativo*, Rio de Janeiro, v. 20, p. 6-31, jan. 1950. Disponível em <https://is.gd/6tFF9h>.

GRAU, Eros Roberto. *Por que tenho medo dos juízes (a interpretação/aplicação do direito e os princípios)*. São Paulo: Malheiros, 2013.

GRAU, Eros Roberto. *O Direito Posto e o Direito Pressuposto*. São Paulo: Malheiros, 1998.

GRECO, Marco Aurelio. *Planejamento Fiscal e Interpretação da Lei Tributária*. São Paulo: Dialética, 1998.

GUERRA, Sérgio. Comentários à ADI nº 3.378 - Redução da Discricionariedade Administrativa por meio de Previsibilidade Técnica. *Revista de Direito Administrativo*, Rio de Janeiro, v. 248, p. 248-251, dez. 2014.

HARDY-VALLÉE, Benoit. *Que é um conceito?* Trad. Marcos Bagno. São Paulo: Parábola, 2013.

HART, Herbert L. A. *O conceito de Direito*. Trad. A. ribeiro Mendes. Lisboa: Calouste Goulbenkian, 1986.

HOUAISS, Antonio. *Dicionário Eletrônico Houaiss*. Disponível em: "http://houaiss.uol.com.br". Acesso em 02.12.2016.

IVO, Gabriel. *Norma Jurídica. Produção e Controle*. São Paulo: Noeses, 2006.

JAKOBSON, Roman. *Linguística e comunicação*. São Paulo: Cultrix, 1991.

JUSTEN FILHO, Marçal. *O direito das Agências Reguladoras Independentes*. São Paulo: Dialética, 2002.

KANT, Immanuel. *Crítica da Razão Pura*. Lisboa: Calouste-Gulbenkian. 1989.

KELSEN, Hans. *Teoria Pura do Direito*. Trad. João Baptista Machado. 8ª ed. São Paulo: Martins Fontes, 2009.

LESCANO, Andreas. et TEUBNER, Gunther. "Regime-collisions: The Vain Search for Legal Unity in the Fragmentation of Global Law" In: *Michigan Journal of International Law*, vol. 25. Chicago: 2004.

LUHMANN, Niklas. *O direito da sociedade*. Trad. Saulo Krieger. São Paulo: Martins Fontes, 2016.

MACHADO, Hugo de Brito. *Comentários ao Código Tributário Nacional*. Vol. II. São Paulo: Atlas, 2009.

MACHADO, Hugo de Brito. *Interpretação e Aplicação das Leis Tributárias*. In: MACHADO, Hugo de Brito (Coord). *Interpretação e Aplicação da Lei Tributária*. São Paulo: Dialética/ICET, 2010.

MARCUSCHI, Luiz Antônio. Atividades de referenciação, inferenciação e categorização da produção de sentido. In: FELTES, Heloíssa Pedroso de Moraes (Coord.). *Produção de Sentido. Estudos transdiciplinares*. São Paulo: Annablume, 2003.

MARQUES NETO, Floriano de Azevedo; JUSTEN FILHO, Marçal; MOREIRA, Egon Bockmann; ARAGÃO, Alexandre Santos de; SUNDFELD, Carlos Ari; PEREZ, Marcos Augusto; MACEDO JÚNIOR, Ronaldo Porto; CAMPILONGO, Celso Fernandes; ARRUDA CÂMARA, Jacintho. *Há um deficit democrático nas agências reguladoras?* Revista de Direito Público da Economia, Belo Horizonte, v. 5, n.5, p. 163-224, 2004.

MARQUES NETO, Floriano. *A nova regulação estatal e as agências independentes.* In: SUNDFELD, Carlos Ari (Org.). *Direito Administrativo Econômico.* São Paulo: Malheiros, 2002.

MARQUES NETO, Floriano Azevedo. Direito das Telecomunicações e ANATEL. In: SUNDFELD, Carlos Ari (Coord.). *Direito Administrativo Econômico.* São Paulo: Malheiros, 2000.

MARQUESI, Sueli Cristina. *A Organização do texto descritivo em língua portuguesa.* São Paulo: Lucerna, 2004.

MEIRELLES, Hely Lopes. *Direito Administrativo Brasileiro.* São Paulo: Malheiros, 2005. p. 348.

MENDES, Conrado Hübner. *Reforma do Estado e Agências Reguladoras: Estabelecendo os Parâmetros de Discussão.* In: SUNDFELD, Carlos Ari (Org.). Direito Administrativo Econômico. São Paulo: Malheiros, 2002.

MOREIRA NETO, Diogo de Figueiredo. *A regulação sob a perspectiva da nova hermenêutica.* Revista Eletrônica de Direito Administrativo. Salvador. n. 12. nov./dez./jan. 2008. Disponível em «https://is.gd/nZbrB6»

MOREIRA NETO, Diogo de Figueiredo. *Direito regulatório: a alternativa participativa e flexível para a administração pública de relações setoriais complexas no estado democrático.* Rio de Janeiro: Renovar, 2003.

MOREIRA NETO, Diogo de Figueiredo. Natureza Jurídica. Competência Normativa. Limites de Atuação. In: *Revista de Direito Administrativo*. n. 215. jan/mar. 1999.

MOREIRA NETO, Diogo Figueiredo. *Mutações do Direito Administrativo*. Rio de Janeiro: Renovar, 2000.

MORTARI, Cezar. *Introdução à lógica*. São Paulo: UNESP, 2001

MOURA, Emerson Affonso da Costa. Agências, expertise e profissionalismo: o paradigma da técnica na administração pública. *Revista de Direito Administrativo*, Rio de Janeiro, v. 254, p. 67-94, abr. 2013.

MOUSSALLEM, Tárek Moysés. Sobre Definições. In: CARVALHO, Paulo de Barros (Coord.) et BRITTO, Lucas Galvão de (Org.). *Lógica e Direito*. São Paulo: Noeses, 2016.

NOGUEIRA, Rui Barbosa. *Curso de Direito Tributário*. São Paulo: Saraiva, 1994.

NUSDEO, Ana Maria de Oliveira. Agências Reguladoras e Concorrência In: SUNDFELD, Carlos Ari (Coord.). *Direito Administrativo Econômico*. São Paulo: Malheiros, 2000.

OTERO, Paulo. *Legalidade e Administração Pública: o sentido da vinculação administrativa à juridicidade*. Coimbra: Almedina, 2003.

PEREIRA, Cesar A. Guimarães. *Discricionariedade e apreciação técnica da administração*. Revista de Direito Administrativo, Rio de Janeiro, v. 231, p. 217-268, fev. 2015.

PLÁCIDO E SILVA, Oscar Joseph de. *Vocabulário Jurídico*. Rio de Janeiro: Forense, 1999. p. 100.

PONTES DE MIRANDA, Francisco Cavalcanti. *Comentários à Constituição de 1967*. São Paulo: RT, 1970.

PUJOL, Jean. *L'aplication du droit privé em matière fiscale*. Paris: LGDJ, 1987.

REALE, Miguel. *Fontes e Modelos do Direito*. São Paulo: Saraiva, 2010.

REALE JÚNIOR, Miguel. Reserva de Lei e Poder Regulamentar das Agências Reguladoras. In: ADEODATO, J. M. E BITTAR, E. C. B. (Orgs). *Filosofia e Teoria Geral do Direito. Homenagem a Tercio Sampaio Ferraz Junior*. São Paulo: Quartier Latin, 2011.

RICKERT, Heinrich. *Ciencia Natural y Ciencia Cultural*. Madrid: Ediciones Castilla, 1965.

RIZZARDO, Arnaldo. *Direito das Sucessões*. 5ª ed. Rio de Janeiro: Forense, 2009.

SABATÉ, Edgardo Fernández. *Filosofía y lógica*. v. II. Filosofía del pensar. Buenos Aires: Depalma, 1979. p.129

SESMA, Victoria Iturralde. *Lenguaje legal y sistema jurídico: cuestiones relativas a la aplicación de la ley*. Madrid: Tecnos, 1989.

SILVA, Artur Stamford da. *10 Lições sobre Luhmann*. Petrópolis: Vozes, 2016.

SILVA, José Afonso da. *Comentário Contextual à Constituição*. São Paulo: Malheiros, 2007.

SUNDFELD, Carlos Ari. "A Administração Pública na Era do Direito Global". In: SUNDFELD, Carlos Ari et VILHENA, Oscar (Orgs.). *Direito Global*. São Paulo: Max Limonad, 1999.

TRIBUTAR NA ERA DA TÉCNICA

SUNDFELD, Carlos Ari. *Introdução às Agências Reguladoras*. In: SUNDFELD, Carlos Ari (Org.). *Direito Administrativo Econômico*. São Paulo: Malheiros, 2002.

SUNDFELD, Carlos Ari; CÂMARA, Jacintho Arruda. O poder normativo das agências em matéria tarifária e a legalidade: o caso da assinatura do serviço telefônico. *Revista de Direito Público da Economia*. Belo Horizonte, n. 13, jan./mar. 2006.

TÁCITO, Caio. Agências Reguladoras da Administração. In: *Revista de Direito Administrativo*. n. 221. Rio de Janeiro. jul./set. 2000.

TÁCITO,Caio. Comissão de Valores Mobiliários. Poder Regulamentar. In: TÁCITO, Caio. *Temas de Direito Público*. t.2. Rio de Janeiro: Renovar, 2002.

TELLES JUNIOR, Goffredo. *Tratado da consequência*. São Paulo: Saraiva, 2014.

TÔRRES, Heleno. *Direito Tributário e Direito Privado. Autonomia Privada, Simulação, Elusão Tributária*. São Paulo: RT, 2003.

TORRES, Ricardo Lobo. *A Legalidade Tributária e os seus Subprincípios Constitucionais*. In: Revista de Direito da Procuradoria Geral do Estado do Rio de Janeiro. n. 58. Rio de Janeiro: 2004.

TORRES, Ricardo Lobo. *Normas de Interpretação e Integração do Direito Tributário*. Rio de Janeiro: Renovar, 2000.

TORRES, Silvia Faber. *A Flexibilização do Princípio da Legalidade no Direito do Estado*. Rio de Janeiro: Renovar, 2012.

ULLMAN, Stephen. *Semântica. Uma introdução à ciência do significado*. Trad. J. A. Osório Mateus. 3ª ed. Lisboa: Calouste Gulbenkian, 1973.

VANONI, Ezio. *Natureza e Interpretação das Leis Tributárias.* Rio de Janeiro: Financeiras, 1952.

VELLOSO, Andrei Pitten. *Conceitos e competências tributárias.* São Paulo: Dialética, 2005

VILANOVA, Lourival. *Causalidade e Relação no Direito.* São Paulo: Noeses, 2015.

VILANOVA, Lourival. *As Estruturas Lógicas e o Sistema do Direito Positivo.* 3ª ed. São Paulo: Noeses, 2005.

VOLLI, Ugo. *Manual de Semiótica.* São Paulo: Loyola, 2007.

WALD, Arnoldo. Da competência das agências reguladoras para intervir na mudança de controle das empresas concessionárias. *Revista de Direito Administrativo.* Rio de Janeiro. n.229. jul./set. 2002.

Impressão e Acabamento:
www.graficaviena.com.br
Santa Cruz do Rio Pardo - SP